MW01707066

La gouvernance

QUE SAIS-JE ?

La gouvernance

PHILIPPE MOREAU DEFARGES
Ministre plénipotentiaire
Chercheur et co-directeur du rapport RAMSES à l'IFRI
Professeur à l'IEP

Deuxième édition mise à jour

6e mille

ISBN 2 13 055877 1

Dépôt légal — 1re édition : 2003
2e édition mise à jour : 2006, novembre

© Presses Universitaires de France, 2003
6, avenue Reille, 75014 Paris

INTRODUCTION

Le terme « gouvernance » serait né en France au XIIe siècle, avec un sens très technique : la direction des bailliages. Les historiens anglais du Moyen Âge se réfèrent à la *governance* pour caractériser le mode d'organisation du pouvoir féodal. Ce terme resurgit, dans la langue anglaise, durant le dernier quart du XXe siècle comme l'une des notions clés de l'univers des entreprises et des organisations.

À la même époque, voici le monde précipité dans une nouvelle ère. Le bloc soviétique s'effondre sous le poids de ses échecs. Les rêves tiers-mondistes de développement autosuffisant tournent court. L'accroissement phénoménal de la richesse, déjà au sein de l'Occident, s'accompagne d'une explosion des flux planétaires de toutes sortes : capitaux, déplacements touristiques, modes, idées... La Terre entière paraît se rallier au modèle occidental triomphant : multiplication des échanges, économie de marché, démocratie libérale, promotion des droits de l'homme... Voici le temps de la mondialisation, de la globalisation. Cette époque produit son vocabulaire, ses références : déréglementation, privatisation, régulation, flexibilité, transparence, responsabilité *(accountability)* et, évidemment, gouvernance. Les mots n'apparaissent jamais par hasard. Derrière des mots nouveaux s'exprime le besoin de formuler quelque chose d'inédit. La gouvernance s'inscrit dans la constellation d'idées produites par la mondialisation.

La mondialisation, avec, pour implications majeures, la formation d'innombrables interdépendances et la contraction massive de l'espace et du temps, serait portée par une utopie : la fin de l'Histoire (Hegel, Kojève, Fukuyama). Selon cette perspective, l'humanité, s'étant dotée d'une capacité illimitée à créer de la richesse, libérée des superstitions du passé et s'appuyant sur sa seule raison, sortirait des vieilles luttes de l'Histoire. Cette humanité, apaisée, exploitant pleinement son intelligence, se consacrerait à ses « vraies » tâches : accroître le commerce et les liens sociaux, augmenter et diffuser le savoir, gouverner le mieux possible la planète. La gouvernance, ce serait justement ce processus d'organisation et d'administration des sociétés humaines, dans le respect et l'épanouissement des diversités.

Cette thématique de la gouvernance plonge ses racines dans la grande rupture de la modernité. Celle-ci émerge à partir de la fin du Moyen Âge. Il s'agit de libérer le monde de l'emprise du sacré, de le séculariser. Dans cette perspective, le pouvoir n'a plus pour raison d'être la garde d'un ordre – chrétien en Europe – mais d'améliorer la condition humaine. Quel est le meilleur pouvoir possible ? Deux grands axes de réflexion se développent : l'un, démocratique (Hobbes, Rousseau), insistant sur le libre consentement des hommes, l'exigence d'un contrat social ; l'autre, technocratique (Saint-Simon), faisant valoir que le bon pouvoir est celui qui est exercé par ceux qui ont la connaissance : savants, ingénieurs, administrateurs...

La gouvernance s'inscrit dans cette quête permanente de meilleurs systèmes de gestion des hommes et des ressources. Pour la gouvernance, la décision, au lieu d'être la propriété et le pouvoir de quelqu'un (individu ou groupe), doit résulter d'une négociation permanente entre les acteurs sociaux, constitués en partenaires d'un vaste jeu, le terrain de jeu pouvant être une entreprise, un État, une organisation, un problème à résoudre. Mais la gouvernance est-elle une mode ou/et un changement de fond ? Que signifie vraiment la gouvernance ? Est-ce une évolution authentique ou l'une de ces grandes illusions qui enthousiasment quelque temps les hommes pour se faner bientôt ? Afin d'expliquer ces interrogations et de recenser les éléments possibles de réponse, un premier chapitre décrit, analyse le paysage moral, idéologique, politique dans lequel se cristallise la notion de gouvernance. Le deuxième chapitre passe en revue les trois principaux terrains d'affirmation de la gouvernance : l'entreprise, l'État, le système onusien. Le troisième chapitre caractérise la gouvernance, ses constituants fondamentaux. Le quatrième chapitre trace un bilan provisoire des expériences concrètes de gouvernance, mais aussi de leurs contradictions plus ou moins cachées : qu'en est-il des mécanismes pratiques de gouvernance ? Fonctionnent-ils ? Quels sont leurs résultats ? Enfin surgissent les interrogations. La gouvernance a bien quelque chose d'utopique : pour fonctionner parfaitement, il lui faut un univers où tous jouent, dans la multiculturalité et la transparence.

Chapitre I

GÉNÉALOGIE DE LA GOUVERNANCE

La notion de gouvernance émerge au début des années 1990. Des livres émanant du monde anglo-américain et le plus souvent collectifs installent l'idée dans le champ des débats intellectuels, théoriques et universitaires : *Governance without Government,* sous la direction de James Rosenau et Ernest Czempiel (1992) ; *Modern Governance,* sous la direction de Jan Kooiman (1993) ; *Democratic Governance* de James March et Johan Olsen (1995). Parallèlement, le terme « gouvernance » entre dans la rhétorique officielle. En 1992, est créé, à Londres, le Centre pour l'étude de la gouvernance globale. En 1995, la Commission sur la gouvernance globale, mise en place par les Nations Unies, et composée de 28 personnalités représentatives de la planète, publie un rapport au titre très significatif : *Notre voisinage global*, marquant que la Terre tout entière est notre jardin, notre pré carré. Parallèlement, à la même époque, se multiplient les articles sur la gouvernance d'entreprise, avec, toujours, les deux mêmes préoccupations : envisager l'entreprise comme une totalité vivante et dynamique ; assurer la prise en compte des intérêts des différents protagonistes (actionnaires, dirigeants, employés...).

L'idée de gouvernance se modèle au carrefour des quatre dominantes du dernier quart du XXe siècle : la victoire de l'Occident ; la fin des incertitudes et des conflits de propriété ; l'universalisation de l'esprit démocratique ; enfin, une machine à produire de plus en plus efficace. Mais chacun de ces facteurs est lourd d'interrogations.

I. – La victoire de l'Occident

1. **Un ralliement, semble-t-il, universel.** – Peut-être jamais dans l'Histoire une victoire n'a-t-elle été aussi totale que celle de l'Occident et d'abord de son chef, les États-Unis, au tournant des années 1980-1990. L'ennemi, le communisme soviétique, s'écroule à la suite non d'une guerre massive et sanglante mais d'une partie planétaire d'échecs, tout au long de laquelle ce communisme s'est enfermé et momifié dans ses contradictions. L'URSS, patrie de la révolution mondiale, meurt d'être restée prisonnière d'un modèle économique dépassé, axé sur les industries lourdes et les armements, alors que le rival, l'Ouest, est emporté par la révolution technique de l'électronique, de l'informatique et des télécommunications. Cet effondrement du socialisme bureaucratique ne se limite pas au monde soviétique mais atteint tous ceux qui, dans le Tiers Monde, ont suivi la même voie. La Chine postmaoïste, l'Inde, le Vietnam, l'Algérie, parmi beaucoup d'autres, renoncent à leur utopie de développe-

ment autosuffisant et se rallient à l'économie de marché, porteuse de forte croissance.

Le triomphe de l'Occident est complet. La victoire n'est en rien classique, le vainqueur bénéficiant d'un atout finalement précaire : la supériorité de ses armes. L'Occident a gagné parce qu'il offre aux hommes un système économique, social et politique, capable de leur apporter sinon le bonheur, du moins une prospérité matérielle sans précédent. Le communisme soviétique promettait une ère d'abondance infinie, dans laquelle chacun aurait selon ses besoins. Or c'est le capitalisme démocratique qui, avec la société de consommation, s'approche le plus de cet idéal de richesse sans limites. Face à lui, l'Occident n'a pas des vaincus attendant leur vengeance mais des peuples se rendant compte que leur seule issue pour sortir de la pauvreté réside dans la multiplication des échanges. En outre, l'Occident, en exaltant la liberté et l'initiative individuelles, met en avant un type de personne adapté à la modernité : inventif, mobile, souple.

2. **Des contradictions intégratrices.** – Le force de l'Occident vient de ce que son modèle est sous-tendu par une double dialectique intégratrice.

Tout d'abord, l'Europe, prenant forme à partir du Moyen Âge, et conquérant la planète avec les grandes découvertes, croit être la seule véritable humanité. En cela, les Européens se comportent comme n'importe quelle tribu, convaincue d'être « les hommes », et d'ailleurs se donnant ce nom, rejetant tous les autres dans une masse indifférenciée : sauvages, barbares...

Mais l'Europe, modelée par ses héritages gréco-romain et judéo-chrétien, perçoit l'homme non comme un donné fixe mais comme quelque chose à construire. Ainsi, non sans débats et conflits, sont admis dans l'humanité les Indiens, les Noirs, les femmes, les enfants et, peut-être même, demain, selon un certain radicalisme écologique, les grands singes. L'humanité est un ensemble aux limites évolutives. Cette vision se révèle puissamment créatrice, stimulant régulièrement le potentiel humain. Au XXe siècle, l'entrée des femmes dans l'humanité injecte dans les sociétés des talents, des idées, contribuant tant à l'augmentation des richesses qu'au renouvellement des rapports politiques.

Ensuite, l'Europe diffuse des idées – liberté, égalité, droit... –, qui, se voulant universelles, ne lui appartiennent pas, se retournant même contre elle. C'est au nom des principes apportés par les colonisateurs européens que s'accomplit la décolonisation. Aujourd'hui, les pays du Sud découvrent que leur meilleur atout réside justement dans la mise à leur service des priorités occidentales : ouverture des marchés, égalité de traitement...

La victoire de l'Occident doit être totale, son but ultime étant la transformation de toutes les sociétés de la planète en démocraties occidentales, vivant par l'échange. La raison de cette exigence est claire : une démocratie ne peut se sentir en paix et en sécurité qu'entourée de démocraties. L'avènement de la gouvernance requiert des dynamiques intégratrices, attirant dans le jeu planétaire le plus grand nombre possible d'êtres humains, et leur donnant des points d'appui (les valeurs occidentales) pour s'approprier ce jeu.

II. – La fin des incertitudes et des conflits de propriété

La gouvernance traite toute structure sociale (une entreprise, un État et même la Terre entière) comme un espace de jeu. Cet espace est organisé par des règles, que les différents participants, avec leurs atouts respectifs, doivent utiliser le mieux possible, le gagnant étant celui qui aura été le plus habile dans cette utilisation. Pour que le jeu soit possible, la première condition est que les parties prenantes acceptent les cartes dont elles disposent. Il est des jeux où tous les joueurs reçoivent, au début, les mêmes ressources (ainsi au Monopoly). Mais il y a des jeux où la distribution apporte à chacun des ressources différentes ou inégales (ainsi au bridge). Il en est bien ainsi dans tout jeu social et, en particulier, international : la distribution est inégale et même, pour la plupart, injuste. Pour que la gouvernance se matérialise, les protagonistes doivent accepter la donne initiale, quelle qu'elle soit. Aujourd'hui, cette acceptation s'opère par la reconnaissance du partage des territoires.

1. **Le partage en principe reconnu des terres.** – La guerre, qu'elle soit internationale ou civile, est fondamentalement un affrontement pour un ou des terri-

toires. Or s'accomplit, dans une certaine mesure, une stabilisation des territoires.

Entre les États, les frontières se consolident. Pourtant, du Proche-Orient à l'Afrique centrale, les conflits territoriaux demeurent nombreux et interminables. En même temps, il n'y a plus, comme au temps de la colonisation, de terres à prendre. Toutes appartiennent à des États, entités souveraines et égales, tenues ensemble par une reconnaissance mutuelle de leurs frontières. En 1990, l'Irak de Saddam Hussein, en envahissant le Koweit, viole ce pacte ; la condamnation est quasi unanime, et, une douzaine d'années plus tard, l'Irak demeure au ban de la communauté internationale. Ce partage accepté des territoires élimine la source essentielle de la guerre ou, du moins, la prive de sa légitimité.

Au sein des États, l'appropriation claire des terres fait désormais partie des conditions élémentaires du décollage économique. Telle est l'une des leçons de l'échec des communismes : le développement exige que chacun sache ce qu'il a, l'attribution de ces biens, et notamment de la terre, étant protégée par l'État. Dans les pays ex-communistes et dans beaucoup de ceux du Tiers Monde, il s'agit bien de bâtir ou de rebâtir un jeu social, dans lequel l'initiative privée s'épanouisse.

Le droit de propriété, sa protection, son organisation constituent désormais l'un des points de passage obligés vers le développement. Pour les investisseurs étrangers, tout État qui n'offre pas des conditions claires et stables en la matière ne saurait être amical. La propriété est l'un des éléments de la prévisibilité, composante essentielle de la gouvernance. Ici, la prévisibilité concerne exclusivement les règles de jeu : celles-ci doivent être bien fixées, l'État, lui-même, s'encadrant, se disciplinant.

Voici les cartes distribuées ! L'on peut jouer.

2. **Légitimité du partage et gouvernance.** – Ce partage des terres, des ressources, des talents est le fruit de l'Histoire, de victoires, de défaites. Il n'est guidé par aucune justice, il est modelé par les rapports de force. Alors, comment assurer que ce partage soit ressenti comme légitime par les États, par les hommes ? De plus, si, dans un univers hiérarchique, les hommes acceptent l'ordre des choses, parce qu'il serait voulu par Dieu, il n'en va pas de même dans un monde démocratique, dans lequel chacun réclame l' « égalité » et la « justice » (le sens de ces deux termes variant d'un individu à l'autre, d'un groupe à l'autre).

Le partage ne saurait être stable qu'à la condition de pouvoir être dépassé ou transcendé par une dynamique commune, promettant à chacun de gagner. Le jeu à somme nulle *(zero sum game)* doit se transformer en jeu à somme positive *(win win game)*. La paix, pour durer, doit édifier, entre les anciens ennemis, un espace de règles communes, nourri par une dynamique commune. Cette dynamique ne saurait être que la création, par la multiplication des interdépendances, d'une zone de prospérité et de liberté, dans laquelle la compétition remplace pour toujours la guerre. Il s'agit bien de gouvernance : organiser un jeu commun, le faire vivre.

L'Europe des lendemains de la Seconde Guerre mondiale demeure la meilleure illustration du processus rendant la gouvernance possible. À l'issue du conflit, les pays européens, et surtout le grand vaincu, l'Allemagne, sont conduits, sous la pression ferme des États-Unis et de l'URSS, à accepter leurs frontières (l'Allemagne se retrouvant amputée d'un tiers de sa superficie de 1914). Cette reconnaissance claire de la distribution territoriale s'accompagne du développement d'institutions communes : Conseil de l'Europe, Communautés européennes, Union européenne... Ces institutions sont les vecteurs d'un projet commun, à savoir l'édification d'une Europe enfin réconciliée et de plus en plus liée par les échanges.

Cette vision de la paix se diffuse progressivement à toute la planète. Il est admis que toute paix implique quatre conditions complémentaires : acceptation par les peuples concernés de leur assise territoriale ; dynamique de croissance et de commerce, faisant prendre conscience à ces peuples qu'ils gagnent plus en travaillant ensemble qu'en se faisant la guerre ; mécanismes de règlement des litiges ; système de police, garantissant que, si l'un des protagonistes viole les règles établies, il sera ramené dans le droit chemin. Tous les processus de paix, du Proche-Orient aux Balkans ou à l'Asie-Pacifique, sont guidés par ces principes, leur concrétisation étant très laborieuse. Ainsi, au Proche-Orient, pour que s'installe une gouvernance régionale, il faut d'abord que la configuration étatique, la distribution des territoires soient reconnues par tous : Israël doit être considéré et se considérer comme un État de la zone ; la question palestinienne doit être réglée. Ensuite, des liens doivent se tisser : établissement d'un espace d'échanges ; gestion organisée des ressources sensibles (en premier lieu, l'eau). Enfin, et c'est peut-être là le plus difficile, un garant, un arbitre est indispensable, chacun sachant que, s'il y a infraction (par exemple, agression d'un des États), l'ordre sera préservé.

La gouvernance, entendue comme un système souple de gestion des sociétés, ayant pour but l'épanouissement régulé des créativités, requiert un monde pacifié, civilisé. Toute civilisation se veut au-delà de la simple satisfaction des besoins élémentaires, individus et groupes ayant tellement intériorisé les règles sociales qu'elles en sont ressenties comme naturelles. Mais toute civilisation est précaire. Que les besoins les plus immédiats (faim, froid, insécurité) redeviennent prioritaires, toute gouvernance se trouverait balayée par des mécanismes plus brutaux : rationnement, démonstration de force...

3. **Le territoire, enjeu de gouvernance.** – La gouvernance, tout en se fondant sur le partage accepté des territoires, ne fait pas disparaître les conflits territoriaux mais les déplace. Ces conflits de la gouvernance partent d'une question simple : À qui un territoire appartient-il ?

La réponse paraît aller de soi : un territoire appartient à celui qui l'occupe, cette occupation se trouvant légitimée par un enracinement dans une histoire aussi longue que possible et étant consacrée par des titres politiques et juridiques reconnus en principe par tous. Mais que se passe-t-il si un envahisseur de l'extérieur s'empare d'un territoire et l'exploite efficacement ? Le territoire demeure-t-il la propriété de l'occupant originaire ou revient-il à celui qui, arrivé après, en a tiré des fruits que l'habitant originaire n'a pas produits ? Qu'est-ce qui fait la légitimité de la propriété ? S'y être installé le premier ? Avoir, par son travail, fait d'un sol une source de richesse ? Les pressions migratoires sans précédent d'aujourd'hui confèrent à cette interrogation une actualité centrale : un pays ne doit-il être gouverné que par les descendants de ses résidents originaires ? Ou cette gouvernance doit-elle associer les migrants qui peuvent insuffler une nouvelle vie à ce pays ?

Le désir que peut avoir chaque individu d'aller là où il a le sentiment qu'il s'épanouira le mieux, l'universalisation des droits de l'homme illustrent les conflits de la gouvernance. Ceux-ci opposent moins des forces matérielles (États avec leurs capacités militaires) que des principes. Ainsi les conflits entre premiers occupants d'une terre et migrants... Ce qui s'affronte ici, ce sont bien deux légitimités : la première résulte du fait que l'on était là le premier ; la seconde est conférée d'abord par la force de la conquête mais aussi par le travail et l'enrichissement qui en résulte. Dans un monde partagé, encombré, soumis à des circulations multiples et intenses, les luttes pour l'espace, si elle ne se règlent plus par les armes, opposent des droits : d'un côté, droit au statu quo, à garder ce que l'on a ; de l'autre côté, droit et même devoir d'améliorer le monde, d'en faire fructifier les ressources. C'est la perpétuelle tension entre le maintien de l'ordre établi et la revendication de sa transformation, au nom de plus de justice. La gouvernance couvrirait alors tous les dispositifs assurant le respect des partages territoriaux, tout en offrant un accès plus large de tous à l'utilisation des espaces.

III. – L'universalisation de l'esprit démocratique

1. **La gouvernance, enfant de la démocratie.** – La gouvernance est l'enfant de l'abondance et de la démocratie. Les hommes, libérés des obsessions immédiates de survie par la science et la technique, n'ont plus qu'à jouer. Hasard de l'Histoire ou plutôt combinaison des mouvements de fond, la révolution industrielle et la révolution démocratique émergent à la même époque, à la fin du XVIIIe siècle.

La gouvernance peut être analysée comme un système démocratique de gestion. Elle reprend, dans une perspective de management, les ingrédients de la démocratie.

– *Un pacte fondateur.* À l'origine de la démocratie moderne figure le contrat social. Selon ce mythe, la société naît d'un accord entre des hommes acceptant, pour assurer leur survie, de se lier par des règles et des disciplines communes. La gouvernance s'inscrit bien dans la même logique. Elle repose sur un espace régulé de jeu, où chacun peut et doit jouer.

– *L'égalité.* La règle du jeu organise et garantit l'égalité des acteurs. Cette règle n'appartient à aucun d'eux. Le gagnant est celui qui sait le mieux l'utiliser. D'où, tant dans la démocratie que dans la gouvernance, l'importance de la maîtrise du droit, celui-ci se substituant à la force ou à l'autorité comme principe de l'ordre social. De plus, il ne doit et ne peut y avoir de gagnant définitif. La gouvernance requiert sinon une société fluide dans laquelle chacun peut espérer, par ses talents, accéder au sommet, du moins la croyance de la majorité dans cette fluidité. Que gagnants et perdants se divisent en deux camps figés, la gouvernance laisse place à la guerre, les uns et les autres se disputant à mort un butin désormais fini.

– *La participation.* Comme la démocratie, la gouvernance prend l'homme non comme un matériau à exploiter mais comme une richesse à faire vivre. Dans cet univers, ce qui doit faire avancer l'homme, ce n'est plus le fouet mais son désir d'épanouissement. La participation est essentielle. Dans la démocratie, ce sont le vote, les associations, les médias. Dans la gouvernance, c'est l'engagement dans un projet commun, où chacun doit et peut gagner. La participation doit être fluide, ne pas se réduire à des moments précis (consultations électorales) mais se faire en continu. L'ordinateur, utilisé comme instrument de sondage permanent, matérialisant la démocratie dite électronique, fournit alors un outil de gouvernance.

2. **Quelle unité ? Quelle diversité ?** – La démocratie moderne reste marquée par une contradiction, à laquelle elle n'est pas près d'échapper. D'un côté, la démocratie se présente comme une société de liberté.

La liberté est non seulement un droit naturel mais aussi la condition de la créativité : l'individu libre doit être plus productif que l'individu entravé. De l'autre côté, cette démocratie ne peut pas fonctionner si les parties prenantes au pacte ne subordonnent pas leur liberté à un principe supérieur : la survie même de cette démocratie. Comme le souligne Tocqueville, la démocratie implique un conformisme. Pour que le pluralisme des opinions s'épanouisse sans que l'ordre social ne soit constamment déstabilisé, ne faut-il pas que fondamentalement tous pensent de la même manière ou, du moins, enferment leur liberté dans des limites ? Face à ce dilemme, deux démarches, l'une et l'autre insatisfaisantes, sont proposées. Pour l'une, que semblent incarner les États-Unis, la liberté individuelle doit être sans barrières, la seule limite possible venant du jugement d'autrui. N'importe quelle opinion peut s'exprimer, les autres, par leur approbation, leur rejet ou leur indifférence, décidant de sa légitimité. Dans les faits, cette formule ne marche qu'à la condition que cette liberté en théorie infinie soit autocontrôlée par un conformisme subconscient, ce que l'on appelle aujourd'hui le « politiquement correct ». L'autre démarche, résumée par la formule de Saint-Just : « Pas de liberté pour les ennemis de la liberté », considère que la liberté doit être réservée à ceux qui la méritent. Mais alors à qui appartient-il de décider que l'un est un « ami » de la liberté et l'autre un « ennemi » ? Bref, soit la diversité doit s'autolimiter d'elle-même, soit elle ne doit bénéficier qu'à ceux qui partagent une même conception de cette diversité.

La gouvernance bute contre le même dilemme. Elle se veut reconnaissance, stimulation de la diversité. Ne se définit-elle pas comme une négociation équitable et permanente entre les divers intérêts, les diverses conceptions en présence ? Mais toute négociation, pour avancer, exige une base commune. La gouvernance ne peut être cette gestion franche, sereine que si les protagonistes s'inscrivent dans un certain cadre de raisonnement.

Il n'existera jamais de solution parfaite et définitive. La gouvernance est vouée à être un équilibre précaire entre unité et diversité, toujours tiraillée entre deux risques extrêmes : la décomposition de l'ensemble, chaque élément particulier s'érigeant en totalité close et rejetant toute structure supérieure ; ou, à l'inverse, le durcissement de cet ensemble au nom de l'unité.

IV. – La machine à produire

La gouvernance est une idée de monde riche. Les besoins dits élémentaires sont plus ou moins satisfaits. L'individu n'est plus tenaillé par la faim ou le froid. Le partage de la nourriture n'a plus à être assuré par un pouvoir, maître absolu des greniers. Le marché peut entrer en jeu. « Les cloisonnements sont balayés par trois changements fondamentaux – changements dans nos manières de communiquer, d'investir et de nous instruire. Ces changements sont nés et ont germé durant la guerre froide. Ils ont atteint leur masse critique à la fin des années 1980, s'unissant en une bourrasque suffisamment forte pour faire tomber les murs de la guerre froide et faire de la planète entière une plaine unique, intégrée et ouverte. Aujourd'hui cette plaine ne cesse de s'étendre de plus en plus vite, bousculant d'autres murs, et attirant d'autres pays. C'est pourquoi il n'y a plus aujourd'hui un Premier, un Deuxième, un Troisième Monde. Il y a, d'un côté, le Monde rapide – celui de la vaste plaine – et, de l'autre, le Monde lent – le monde de ceux qui basculent dans le bas-côté ou qui choisissent de continuer de vivre à l'écart de la plaine dans quelque vallée préservée et artificielle, trouvant le Monde rapide, trop rapide, trop effrayant, trop homogénéisant et trop exigeant » (Thomas L. Friedman, *The Lexus and the Olive Tree,* New York, Farrar Straus Giroux, 1999, p. 40-41).

1. **Une explosion de richesses.** – Parmi les sources de la gouvernance figure la redéfinition des ressources. Selon la bonne vieille vision mercantiliste, véhiculée par la géopolitique classique jusqu'aux deux guerres mondiales, la ressource, c'est ce que l'on possède. La richesse et la puissance se font par accumulation (de territoires, de minerais, de métaux précieux), les modes normaux d'acquisition étant le prélèvement par la force, la confiscation et le pillage. Depuis la fin du XVIIIe siècle, les révolutions industrielles s'enchaînant, l'humanité s'est engagée dans un processus d'enrichissement sans précédent, diminuant spectaculairement la contrainte de la « matière » (blé, charbon, acier, ciment...). Durant le dernier siècle (1890-1990), la population est multipliée par quatre ; la production annuelle de richesses, par quatorze. Désormais, la res-

source est moins ce que l'on a que ce que l'on crée. La richesse et la puissance se mesurent toujours en partie en kilomètres carrés ou en millions de tonnes. Mais ce qui fait la différence, c'est la capacité d'innovation, le monde actuel ne faisant que redécouvrir l'adage de Jean Bodin : « Il n'est de richesse que d'hommes. » La ressource, au lieu d'être finie car donnée par la nature, devient infinie car produite par l'homme et n'ayant de réalité et de sens que pour lui, l'homme constituant, lui-même, la première des ressources.

La gouvernance vise à gérer l'abondance et ses problèmes. Comment maintenir la dynamique de création de richesses ? Quels mécanismes de partage pour ces richesses ? Selon quelles méthodes assumer les inconvénients de l'abondance : encombrements, pollutions, déchets ?... Mais aussi de quelle manière prendre en considération les raretés de l'abondance : air, eau, espaces ?...

2. **La marchandisation.** – La gouvernance, avec sa logique de gestion rationnelle, appelle la marchandisation. Celle-ci part d'un raisonnement simple : dès qu'un bien est ou devient rare et par conséquent n'est plus librement accessible à tous, il faut un mécanisme de distribution de ce bien. Deux systèmes sont possibles, l'un autoritaire (répartition du bien par un pouvoir, comme l'État), l'autre par le marché : tout bien, tout service, dès que son offre n'est pas infinie, reçoit un prix variant en fonction de la demande solvable de ce bien.

Au cours de ces deux derniers siècles, la combinaison de l'expansion démographique et du progrès économique fait que, au moment où la faim, le froid, le manque de confort n'obsèdent plus la vie quotidienne de la majorité, des ressources vitales, autrefois illimitées, se révèlent limitées : ainsi l'eau, l'espace et même l'atmosphère... Sous cette même pression de l'homme et de sa technique, des éléments ressentis comme précieux sont menacés d'anéantissement (par exemple, espèces végétales et animales au bord de la disparition).

Que faire ? Mettre des interdictions ? L'interdiction doit être efficace, ne pas être vidée de son contenu par le braconnage et le trafic. Ne faut-il pas plutôt marchandiser ces biens rares, mettre sur pied un marché où ces biens s'achètent et se vendent ? La marchandisation apparaît d'abord dictée par la raréfaction de biens traditionnellement surabondants et alors librement accessibles à tous : eau, forêts, atmosphère, silence, espace de stationnement... Ces biens reçoivent un prix, déterminé par l'offre et la demande dont ils sont l'objet. Mais n'est-ce pas dévaluer gravement ces biens, réduits à l'état de marchandises ? Du fait tant de l'accroissement de la population humaine que de l'augmentation de ses besoins, ces biens peuvent-ils être encore « libres », offerts à tous les hommes sans que leur usage par les uns prive les autres ? Dans des sociétés riches, libres, où tout circule aisément, l'interdiction ne peut tenir que si sont en jeu des intérêts supérieurs très forts, les hommes, dans leur majorité, intériorisant l'importance vitale de ces intérêts, et les pouvoirs en place mobilisant des moyens considérables de surveillance (par exemple, contrôle des armes de destruction massive). La marchandisation, au lieu d'imposer un interdit uniforme, venu d'en haut, organise des options, chaque individu ou groupe arbitrant en fonction de ses préférences et de ses revenus. La marchandisation s'inscrit dans l'idée de gouvernance. Le pouvoir a alors pour mission centrale moins de souder des hommes autour de buts communs « lourds » (survie de la patrie, expansion impériale, industrialisation) que d'assurer l'épanouissement des potentialités de tous dans le libre choix de chacun.

La gouvernance s'inscrit dans l'air du temps, portée par une idée simple : un homme relativement riche, instruit, informé, reconnu et exalté comme acteur libre ne peut être gouverné de la même manière que l'homme des temps pré-industriels ou même industriels. La gouvernance doit remplacer le gouvernement ou plus exactement le gouvernement ne doit plus être qu'une pièce d'un système global, fondé sur la liberté, la créativité et la responsabilité. Tous étant en principe d'accord sur cette philosophie, il s'agit de gérer.

3. **Compétition et régulation.** – Dans cet univers d'épanouissement de toutes les créativités, d'où la régulation – inséparable de la gouvernance – doit-elle et peut-elle venir ? La solution la plus simple ne réside-t-elle pas dans la loi de l'offre et de la demande ? Toute offre doit répondre à un besoin, tout besoin finit par susciter l'offre qui le satisfera. Si l'offre est insuffisante, cette rareté suscitera, dans le domaine concerné, des prix élevés qui attireront les plus dynamiques en quête de profit. Si l'offre est excessive, la mévente contraindra les entrepreneurs du secteur à se tourner vers

d'autres activités. La meilleure régulation ne vient-elle donc pas d'un marché aussi fluide que possible ?

La gouvernance se définit alors comme un système d'organisation et de préservation de la concurrence. Gouverner, ce n'est plus fixer et réaliser des objectifs, c'est établir et surveiller un terrain de jeu, l'intérêt général n'étant plus quelque chose *au-dessus* mais quelque chose *autour*. Il ne s'agit plus de gouverner mais de poser des règles et de garantir leur bonne application. L'État n'apparaissant plus qu'à l'origine (fixation des normes) et à la fin (contrôle ultime de l'application de ces normes) des processus sociaux, tout l'entre-deux est régi par la concurrence. Ainsi les mécanismes mêmes de surveillance peuvent-ils eux aussi être attirés dans une logique de concurrence. Au lieu d'être imposés par l'État, les voici choisis par leurs consommateurs : entreprises se disputant un marché et cherchant un compromis « impartial » ; actionnaires soucieux du meilleur contrôle possible des sociétés dans lesquelles ils ont des participations...

Le monde réel déçoit toujours. La concurrence dite parfaite réclame notamment une égalité totale des protagonistes. Cette égalité est sinon jamais, du moins très exceptionnellement réalisée. Face à un tout nouveau marché, une petite entreprise peut bénéficier pleinement de sa créativité, de sa souplesse, mais une grande entreprise, quelles que soient ses rigidités, est en mesure de mobiliser des ressources considérables. L'un des enjeux les plus délicats de la gouvernance réside dans la recherche constante du « bon » équilibre entre libre jeu des parties prenantes et interventions supérieures pour assurer que ce jeu demeure authentiquement libre.

4. **Le développement durable.** – La planète se constituant en un système unique de production, d'échange et de consommation, des défis graves apparaissent : surexploitation et destruction des ressources naturelles ; multiplication des pollutions ; creusement des inégalités entre zones insérées dans la mondialisation et zones plus ou moins marginalisées ; proliférations urbaines... La Terre doit être gérée comme un ensemble.

À partir des années 1970 s'esquisse le thème du *développement durable.* La préoccupation est double. Tout d'abord, il s'agit de prendre en considération toutes les dimensions de la modernisation économique, tant ce qu'elle crée (produits, services...) que ce qu'elle détruit et coûte (notamment, dégâts écologiques). Ensuite, le développement doit penser aux générations futures, à ceux qui vont hériter d'un certain état du monde. La gouvernance, allant au-delà du simple gouvernement, doit promouvoir cette démarche globalisante, intégrant dans les calculs ce qui est oublié (détérioration d'éléments vitaux, comme la destruction d'espèces), et donc contraignant chacun à assumer une juste part du fardeau. En langage économique, il faut *internaliser les externalités,* donner une valeur, un prix à ce qui, dans d'autres temps, était surabondant et gratuit (rivières, espaces urbains...), avec en particulier, pour objectif, l'élimination des *passagers clandestins – free riders* : par exemple, tous ceux – innombrables – qui se débarrassent discrètement de leurs déchets, laissant aux autres (?) le soin de s'en occuper. Tel est le principe pollueur-payeur, lancé au début des années 1970 par l'Organisation de coopération et de développement économiques (OCDE).

La notion de développement durable vise à appliquer à notre planète le célèbre principe du bon père de famille, attentif à l'avenir, économisant tant pour faire face à l'imprévisible que pour assurer une vie meilleure à ses enfants. L'idée, si elle est sage, est encore dans la phase des interrogations. La préservation de la Terre pour les générations futures est une ambition noble, mais qu'implique-t-elle ? La priorité de l'humanité est de survivre. Les hommes ont toujours exploité et même surexploité la nature, anéantissant des espèces entières. Il est illusoire de demander le maintien en l'état de la Terre. En outre, quel équilibre entre la solidarité à l'égard de nos enfants et de nos petits-enfants et la solidarité entre les hommes d'aujourd'hui ? Plus notre planète se rétrécit du fait de la multiplication des communications, plus l'exigence de solidarité s'intensifie. Si les sociétés riches ne veulent pas être submergées par la misère du monde, ne doivent-elles se mobiliser plus et mieux pour le développement des pauvres ?

Les notions de gouvernement et de gouvernance sont connexes. Leur domaine est le même : l'organisation et la gestion de structures collectives (entreprises, États, organisations internationales). Ce qui sépare les deux notions, c'est d'abord l'univers dans lequel elles se déploient. Les problèmes majeurs d'un gouvernement sont ceux de rareté et d'unité : Comment répartir des ressources précaires et limitées ? Comment maintenir la cohésion alors que tout (rivalités de statuts, luttes de classe...) pousse à l'éclatement ? Pour la gouvernance, l'abondance et l'unité sont acquises ; il faut maîtriser les encombrements, tout en stimulant la diversité, facteur de créativité et de renouvellement. La guerre n'est plus à l'horizon, la paix est perpétuelle (au moins en principe). Un gouvernement est un organe institutionnel. Il procède de haut en bas. Installé au sommet de la hiérarchie étatique, il donne des ordres qui descendent tout au long de l'échelle sociale. La gouvernance n'est pas une entité, c'est un système rejetant toute hiérarchie. Rien n'est censé être fixe, tout est en flux. À l'âge gouvernemental, l'État, gardien sévère de l'unité, est un guide idéologique, diffuseur de la foi nationale. À l'ère de la gouvernance, le politique, vidé de toute finalité, ne sert plus qu'à surveiller que le jeu social ne se déroule pas trop mal.

	Gouvernement	*Gouvernance*
Champ	Affaires publiques	Affaires collectives
Monde	Rareté	Abondance
Horizon	Guerre	Paix
Esprit	Vertical	Horizontal
	Hiérarchique	Démocratique
Décisions	Ordre	Négociation
	Instruction	Processus
Finalités	Maintien	Créativité
	Unité	Diversité
Policier	État	Autorités indépendantes
		État, ultime recours

Chapitre II

CRISTALLISATIONS DE LA GOUVERNANCE

« ... Gouvernance n'est pas synonyme de gouvernement. Les deux notions se réfèrent à des comportements exprimant une volonté, à des activités guidées par un but, à des systèmes de règles. Mais l'idée de gouvernement implique une autorité officielle, dotée de capacités de police garantissant la bonne exécution de la politique adoptée. La gouvernance, elle, couvre des activités sous-tendues par des objectifs communs ; ces objectifs peuvent s'inscrire ou non dans des mécanismes légaux et formels de responsabilité, ils ne requièrent pas nécessairement des pouvoirs de police pour surmonter les méfiances et obtenir l'application de la norme. En d'autres mots, la gouvernance est un phénomène plus large que le gouvernement. Elle inclut les mécanismes gouvernementaux, dans le sens strict du terme, mais elle s'étend à des dispositifs informels, non gouvernementaux, par lesquels, au sein de ce cadre, individus et organisations poursuivent leurs propres intérêts. La gouvernance est donc un système de règles reposant tant sur le jeu des relations interpersonnelles que sur des lois et des sanctions explicites... » (James N. Rosenau, 1992). L'idée de gouvernance indique au moins deux évolutions :

– *Les frontières entre public et privé.* Le cœur de l'État est la sécurité : police, défense et parfois même contrôle des ressources ou des activités perçues comme vitales pour cette sécurité. L'individu à la fois est protégé par l'État et doit s'en protéger (d'où une séparation aussi précise que possible du public et du privé). Dans un monde plus ou moins pacifié, gouverné par l'échange, les affaires publiques se centrent sur l'élaboration et la mise en œuvre des règles du jeu, le but étant l'épanouissement maximal des initiatives de toutes origines. Public et privé s'interpénètrent. Le public requiert la participation du privé : par exemple, quête de parrainages, en particulier financiers. Le privé se trouve conduit à assumer des tâches publiques ; ainsi l'entreprise dite citoyenne, assumant des actions de charité ou des opérations culturelles. Le public, désacralisé, n'est plus au-dessus de la société, il en est une des dimensions, essentielle mais devant coopérer, sur une base de moins en moins inégale, avec le privé. Quant au privé, dont la vitalité est essentielle pour créer et répandre la richesse, en quoi est-il moins noble que le public ?

Public et privé ne peuvent pas être séparés par une frontière immuable. L'un n'est rien sans l'autre. L'État doit être nourri par la richesse ; l'individu et l'entreprise recherchent une sécurité et une légitimité que seul le public, avec son appareil et sa solennité lourde, confère. Dans le monde de la gouvernance, l'entreprise, considérée comme la source de la prospérité, est exaltée, et l'État n'est plus qu'une instance fonctionnelle.

– *L'intérêt général comme construction multiforme, ouverte et permanente.* L'État, c'est moi, aurait dit Louis XIV. Cette phrase probablement apocryphe rappelle que, dans l'État classique, l'intérêt général est la quasi-propriété d'un cercle restreint : noblesse, haute bourgeoisie, technocratie ou même avant-garde de parti révolutionnaire... Cet intérêt est immuable, intemporel, dicté par le sommet. C'est l'ère des gouvernements. La gouvernance, elle, porte une autre forme d'intérêt général. Façonné par les diverses parties impliquées, il s'agit d'un compromis constamment renégocié.

Avec la gouvernance, l'intérêt général n'est plus donné, arrêté d'en haut, enfermé dans une sphère. Au contraire, il se construit et circule, appartenant temporairement à celui qui l'exploite. « La gouvernance, ce serait tout bonnement de l'action publique en réseaux, une pratique relationnelle de coopérations non prédéfinies et toujours à réinventer, à distance des armatures hiérarchiques du passé et des procédures routinières. Au principe de cette nouvelle action publique, s'il y a moins de commandement central et de hiérarchie que de procédures de négociation, l'ajustement entre acteurs n'en reste pas moins nécessaire. La négociation en réseaux apparaît comme un mode de coordination entre actions, impliquant objectifs et moyens, systèmes de valeurs et logiques d'intérêts. Et cela par des procédures d'interaction et de négociation systématiques » (Jean-Pierre Gaudin, 2002).

Cette démocratisation de l'intérêt général se révèle être un phénomène très complexe et contradictoire. Elle s'explique par des facteurs bien identifiés : suffrage universel, diffusion de l'éducation, développement des médias... Chacun a désormais son mot à dire et, de plus, dispose des moyens nécessaires pour le faire valoir. En même temps, l'intérêt général demeure modelé par des permanences lourdes : situation géographique, rapports de force internationaux, contraintes économiques. Dans le champ international, les jeux de la gouvernance se développent dans des domaines précis : gestion des échanges et des ressources... Les frontières, elles, ne sont pas fluides ; elles demeurent tracées par les vieux équilibres de la puissance.

I. – La gouvernance d'entreprise

1. De l'entreprise-pyramide à l'entreprise-réseau. – La grande entreprise privée classique, incarnée, par exemple, aux États-Unis par *Ford,* en Angleterre par *Marks and Spencer,* en France par *Michelin,* en Allemagne par *Bertelsmann,* est une entité familiale, close, opaque, hiérarchique et cohérente. Si les entreprises réelles se coulent exceptionnellement dans ce schéma et sont d'une extrême diversité, les sociétés comme *Ford* ou *Michelin* sont bien les archétypes d'une époque, celle du capitalisme industriel avec, pour produits phares, l'automobile, le réfrigérateur et la machine à laver. Dans cet univers, tout paraît s'organiser autour des patrons et des ouvriers et employés. C'est le temps des classes, communautés massives à l'identité bien définie. L'actionnaire a peu d'existence propre ; ce peut être une famille à la fois propriétaire et gestionnaire, une ou diverses banques... liées à la famille. Quant au client, il se contente d'un produit solide, standardisé : Ford T, Coccinelle *(Volkswagen)*, 4 chevaux *(Renault)*...

2. **Entre pouvoir des actionnaires et patrons-démiurges.** – La gouvernance d'entreprise vient d'abord de l'affirmation d'un pôle de pouvoir, celui des actionnaires. Les entreprises qui se développent ne peuvent plus appartenir à une famille ou même à une nation. Le capitalisme familial, s'il survit, parfois se montrant même très dynamique (en France, *Hermès* ; en Allemagne, *Bertelsmann*...), est plus ou moins révolu, notamment pour des firmes devant s'internationaliser. L'entreprise, en demeurant tenue par un groupe restreint, s'étiole, ce groupe étant tenté de privilégier le maintien de son contrôle et finissant souvent par se déchirer. Les besoins d'investissement augmentent considérablement. L'ouverture, la diversification de l'actionnariat contribuent en principe à insuffler, vis-à-vis des dirigeants, un climat moins complaisant, plus exigeant. Cet actionnariat subit des mutations profondes, entraînées par une triple démocratisation de la technologie, de la finance et de l'information. Un nombre croissant d'hommes, de sociétés ont accès à la radio, aux télécommunications et à Internet, s'insérant ainsi dans un réseau mondial. Simultanément la richesse se diffuse. Ce sont, par

exemple, les futurs retraités et les retraités qui, notamment à travers les fonds de pension, revendiquent leur mot à dire dans la gestion des entreprises dont ils sont actionnaires. L'information, elle aussi, n'est plus réservée aux élites ; tout se conjugue pour l'offrir au grand nombre, de la concurrence des médias aux progrès de l'éducation. Les actionnaires ou, plus précisément, les petits actionnaires se rassemblent, mobilisent des spécialistes.

Aux États-Unis, pays-laboratoire de la modernité, la gestion collective de l'épargne accomplit une métamorphose dans les années 1970 et 1980. Les devoirs des fonds de pension à l'égard de leurs bénéficiaires (actuels ou futurs retraités) se trouvent substantiellement précisés. Ces fonds détenant de considérables portefeuilles d'actions, la réforme de la *pension governance* se diffuse nécessairement vers l'ensemble des entreprises et accouche de la *corporate governance,* d'abord centrée sur la transparence des actions des dirigeants.

L'entreprise devient l'enjeu d'une partie complexe entre dirigeants et actionnaires, salariés et clients reculant au second plan. Les dirigeants et surtout les grands patrons tendent à être regardés comme des démiurges capables d'obtenir des performances extraordinaires contre des rémunérations mirobolantes. Les actionnaires oscillent entre l'admiration inconditionnelle et le rejet brutal. La gouvernance d'entreprise vise à introduire des règles dans ce jeu : transparence des comptes ; contrôle par des instances authentiquement indépendantes ; recours et sanctions contre les responsables... En cette aube du XXIe siècle, les secousses que traverse le capitalisme d'abord américain, à la suite du scandale *Enron* (2001-2006), sont bien dominées par la question de la gouvernance : Comment assurer un contrôle pertinent des entreprises ? Quel équilibre entre les parties prenantes : hauts dirigeants, salariés, actionnaires, pouvoirs publics ?...

La gouvernance d'entreprise ou de toute autre structure s'inscrit dans des rapports de force. C'est une affaire humaine, confrontant des intérêts et des appétits. Dans les années 1990, les actionnaires n'ont guère de mal à se convaincre qu'en confiant la direction des entreprises à des prodiges du commerce et de la finance ils seront sûrs d'avoir des bénéfices mirobolants. Et les prodiges en question, très conscients de leur pouvoir, l'utilisent pleinement pour se faire octroyer des rémunérations pharaoniques. Toute idée perçue comme nouvelle – comme la gouvernance dans ces années 1990 – est parée de vertus magiques. Avec elle, l'impossible deviendrait possible : gestion rigoureuse et harmonieuse, respect de toutes les parties prenantes... Mais vient toujours le moment de vérité : le miracle était une illusion !

Derrière ces questions se confirme la redéfinition du politique. Dans un monde pauvre, le politique (l'empereur, le roi) tient et distribue la richesse. Dans des sociétés d'abondance, la richesse étant produite par de multiples sources, le politique est le garant et le gardien de valeurs, de règles : transparence, honnêteté, équité...

II. – La bonne gouvernance

L'idée de gouvernance pénètre l'espace étatique, selon une logique analogue à celle qui transforme les entreprises. L'État n'est plus une entité fermée et souveraine, ne rendant de compte qu'à elle-même. « La souveraineté étatique, dans son sens le plus fondamental, est en pleine redéfinition [...]. Les États sont maintenant largement considérés comme des instruments au service de leur peuple et non l'inverse. Au même moment, la souveraineté de l'individu [...] est renforcée par une conscience renouvelée et en pleine diffusion des droits individuels » (Kofi Annan, secrétaire général des Nations Unies, 1999).

1. **Un État lui aussi en concurrence.** – L'État doit bénéficier d'une bonne gouvernance. Il doit être démocratique : élections libres et honnêtes ; respect des droits de l'individu... Les gouvernants doivent rendre des comptes tant à leur population qu'à l'extérieur. La raison d'État ne peut plus être invoquée en toute circonstance pour justifier tel ou tel secret, telle ou telle arrestation ; elle doit être strictement fondée.

Cette exigence de bonne gouvernance obéit à des raisons tant économiques que politiques.

Du point de vue économique, les États du Sud ne peuvent plus espérer être pris en charge comme ils l'étaient au temps du conflit Est-Ouest, les deux supergrands étant alors prêts à payer pour avoir de leur côté le plus grand nombre possible de protégés. Par ailleurs, d'anciens colonisateurs (comme la France en

Afrique) ressentaient encore un devoir d'aide à l'égard de ceux qu'ils avaient dominés et exploités. Ces calculs stratégiques, ces soucis de réparation n'ont plus de place dans un monde régi par la compétition. Tout État aspirant à la prospérité doit se vendre aux touristes, aux investisseurs, aux opérateurs financiers, aux institutions internationales, aux agences de notation. Cet État doit offrir des garanties de bonne gouvernance : respect de la propriété privée, transparence des procédures, égalité de traitement entre nationaux et étrangers, libre circulation des capitaux.

Du point de vue politique, la dictature est longtemps perçue comme un facteur de stabilité. La dictature, c'est l'ordre. À l'époque Est-Ouest, l'Occident démocratique soutient des régimes autoritaires : Portugal de Salazar, Espagne de Franco, Chili de Pinochet... À partir des années 1970, les dictatures sont en reflux. Certaines se révèlent incapables d'assurer la stabilité financière : Argentine, Brésil... Toutes infantilisent les populations et brident leur créativité. Or la priorité n'est plus la lutte contre le communisme – pétrifié et moribond – mais l'insertion dans les flux mondiaux de tous ceux qui sont en marge. La bonne gouvernance vise à épanouir et responsabiliser les populations. L'ordre, au lieu d'être imposé d'en haut et détesté, est modelé d'en bas. L'enjeu n'est plus de se mobiliser contre un ennemi extérieur mais d'obtenir le consentement de chacun à des disciplines. Tel est, par exemple, le grand défi du Fonds monétaire international : garantir que les États bénéficiaires des crédits internationaux respectent leurs engagements et surtout que les populations assument les obligations prises. La bonne gouvernance, c'est toujours quelque chose comme une gestion de père de famille à l'ère démocratique : respecter les contrats, accepter ce qui est possible, veiller à associer le peuple.

L'Accord de Cotonou (juin 2000), partenariat entre l'Union européenne et 77 pays ACP (Afrique-Caraïbes-Pacifique), définit, dans son article 9, la bonne gouvernance, « gestion transparente et responsable des ressources humaines, naturelles, économiques et financières dans des buts de développement équitable et durable » : clarté des procédures publiques de décision, transparence et responsabilité des institutions, primauté du droit dans la gestion et la répartition des ressources, lutte contre la corruption...

L'idée de bonne gouvernance illustre la transformation du rôle et de la légitimité de l'État. Celui-ci reste l'entité fondamentale du système international : il confère la nationalité, source de tous les droits ; il est le lieu de la participation politique ; il demeure le protecteur de sa population. Mais l'État ne peut plus invoquer sa souveraineté comme le droit de faire tout ce qu'il veut chez lui, sans contrôle. L'État se trouve désormais sous la surveillance multiforme et croisée d'innombrables instances : sa propre population, les organisations non gouvernementales (ONG), les agences de notation, les organisations interétatiques (notamment Fonds monétaire international)... Les États, tels les élèves d'une classe, sont constamment jugés et comparés. Et il n'est pas bon d'être mal noté, d'être accusé de mauvaise gouvernance (comme l'Argentine en ce début de XXIe siècle). Une appréciation sévère fait fuir les investisseurs, suscite la méfiance des organes financiers. Avec cet impératif de bonne gouvernance, l'État s'aligne dans une certaine mesure sur l'entreprise : comme cette dernière, l'État, ayant pour première mission de développer la prospérité de sa population, doit se vendre. L'État n'est plus tout à fait ce monstre arrogant, maître de la guerre ; il n'est qu'un acteur important en compétition avec d'autres.

2. **Un État doublement responsable.** – Cet État de la gouvernance a une double *responsabilité* :

– *Responsabilité devant sa population.* Cette responsabilité de l'État devant sa population s'inscrit dans la logique démocratique. L'État est un instrument au service du peuple, les gouvernants étant comptables devant lui. Mais la notion de bonne gouvernance s'exprime plus ou moins par deux transformations :

• *Un peuple plus complexe.* L'idéologie démocratique classique définit le peuple comme une somme d'individus, soudés par une seule loyauté, celle à l'égard de la nation. Depuis le dernier tiers du XXe siècle, l'affirmation du droit à la différence, du droit de chacun à être respecté dans sa spécificité (sexuelle, ethnique, culturelle...), marque que l'individu a plusieurs loyautés. La démocratie doit intégrer cette pluralité : prise en compte des communautés, reconnaissance de leurs cultures... Dans cette perspective, la gouvernance serait un mode de gestion du fait communautaire dans des sociétés demeurant fondées sur l'individu. D'où l'avenir très riche de l'ingéniérie institutionnelle. Cette discipline expérimentale devra concevoir toutes sortes de formules de participation politique, permettant tant à l'individu qu'aux groupes de s'exprimer dans leurs différentes identités, tout en garantissant le plein respect de chacun.

• *La quête d'une consultation plus ouverte et continue.* La démocratie repose sur le vote : le peuple exprime périodiquement sa volonté, déléguant à des élus les missions de gouvernement et de législation. Dans des sociétés à la fois plus éduquées et dotées de réseaux de communication d'une fluidité sans précédent, ne faut-il pas imaginer des mécanismes sophistiqués, associant le peuple de manière continue aux affaires publiques ? Ce sont, par exemple, les referenda, les sondages électroniques... La gouvernance, ce serait la participation directe, quotidienne de l'opinion aux choix politiques.

– *Responsabilité devant la communauté internationale.* L'État est et sera de plus en plus responsable devant l'extérieur. Les accidents, les dégâts écologiques ignorent les frontières. Les entreprises criminelles se déploient sur de très nombreux territoires et ne cessent de se déplacer. Ce que fait ou ne fait pas un État (préservation ou négligence de l'environnement, contrôles sanitaires, surveillance des mouvements de personnes ou négligence face à ces déplacements...) a des conséquences internationales : pollutions se répandant au-delà des frontières, trafics de toutes sortes, flux de réfugiés. Dans ces conditions, les insuffisances, les erreurs d'un État ne frappent pas que lui.

Cette responsabilisation de l'État confirme l'emprise croissante du droit. Celui-ci, promu par les États, se matérialise encore principalement, à l'échelle internationale, par des traités. Or le droit n'appartient plus aux États. Les entreprises, les associations, les individus se l'approprient (dès que l'État leur en offre l'occasion). La norme n'étant plus entre les mains exclusives de l'Autorité (État ou tout autre pouvoir supérieur) devient un enjeu, chacun tentant de faire triompher son interprétation et mobilisant à cette fin toutes les procédures possibles. La gouvernance, c'est aussi cette responsabilisation multiforme et réciproque de tous les acteurs.

3. **Une fragmentation des intérêts publics.** – L'intérêt public n'est plus un, monopolisé par l'État, mais pluriel, exprimé par toutes sortes d'entités tant publiques (outre l'État, les régions, les villes, les organisations internationales...) que privées (associations, mouvements...). Cette fragmentation résulte d'au moins deux impératifs.

La dynamique de l'*impératif démocratique* implique des intérêts généraux en reformulation permanente. Selon une approche classique, « essentialiste », l'intérêt général s'écrit au singulier ; il est la propriété de l'État, lui-même propriété d'une élite seule apte à fixer cet intérêt. La gouvernance confirme la victoire de l' « existentialisme » : il y a intérêt public dès lors qu'un individu ou un groupe proclame telle ou telle exigence comme intérêt public et obtient des autres la reconnaissance de cette proclamation. L'État continue d'être la matérialisation la plus solennelle de cet intérêt. Mais tant d'autres – de l'individu, convaincu de parler au nom de l'humanité, aux organisations à vocation planétaire – se posent en porte-parole d'intérêts publics et sont plus ou moins reconnus comme tels. Tel est bien l'esprit de la démocratie moderne : rien n'est donné, tout est construit ; la propriété, si elle doit être protégée, n'est pleinement légitime que si elle est une appropriation, le propriétaire ayant le devoir et le droit d'exploiter, de faire fructifier son bien. La gouvernance doit promouvoir une gestion harmonieuse et créatrice de tous ces intérêts publics, tous égaux et contribuant chacun, à leur manière, à l'enrichissement de la société.

De même, l'*impératif gestionnaire* appelle des gestions au plus près des problèmes. Les acteurs directement impliqués sont posés comme les plus aptes à traiter une question, l'appréhendant dans ses termes les plus concrets. Les intérêts publics doivent se matérialiser autour de coalitions pertinentes et évolutives. Ainsi l'édification d'une autoroute doit-elle associer l'État, les régions de passage, les collectivités riveraines, les associations d'environnement... L'impératif démocratique et l'impératif gestionnaire se rejoignent autour du souci de faire que chaque problème soit assumé par tous ceux qui sont concernés, la bonne mise en œuvre étant obtenue non par l'obéissance mais par une adhésion vécue à un projet.

III. – La gouvernance globale

1. **De la jungle à la société.** – La question de la gouvernance globale est en gestation dès la seconde moitié du XIXe siècle, lors de ce qui est parfois qualifié de première mondialisation. Les échanges se « planétarisent » déjà, conduisant à la mise sur pied de structures de gouvernance (par exemple, en 1865, l'Union télégraphique internationale ; en 1878, l'Union postale universelle). À l'issue de la Grande Guerre (1914-1918), la paix est pensée comme globale, avec deux piliers, l'un politique (la Société des Nations, SDN), l'autre social (l'Organisation internationale du travail, OIT). L'OIT contient des éléments de gouvernance : participation des organisations syndicales les plus représentatives ; mise sur pied de règles à vocation planétaire ; mécanismes de surveillance. La crise des années 1930, la Seconde Guerre mondiale accouchent de la constellation onusienne avec, autour de l'organisation politique universelle, les institutions spécialisées. Les composantes de la gouvernance globale sont là : articulation des domaines clés de la vie internationale, fixation de règles avec des mécanismes de gestion et de surveillance...

« La gouvernance couvre l'ensemble des actions par lesquelles individus et institutions, tant privées que publiques, gèrent leurs affaires communes. C'est un processus continu par lequel les intérêts en présence, les conflits qui en résultent sont harmonisés, donnant naissance à des coopérations. Ce processus repose aussi bien sur des institutions établies, des régimes juridiquement contraignants que sur des arrangements informels... » (Commission sur la gouvernance globale, 1995). La gouvernance globale pose comme acquis le dépassement de la jungle internationale. Les États n'étant plus en guerre permanente les uns avec les autres, les sociétés s'enrichissant, un nombre croissant d'hommes accédant à la prospérité, l'émergence d'intérêts communs forts (maintien de la paix, bon fonctionnement des échanges, gestion maîtrisée de l'environnement, droits de l'homme...) développe un niveau supérieur aux États souverains et rend possible entre eux un pacte, sans lequel la gouvernance ne saurait s'épanouir.

2. **Un espace public en mouvement constant.** – Dans cette perspective, la notion de gouvernance globale confirme l'érosion, l'enchevêtrement des frontières entre technique et politique, public et privé, national et international. D'où un remodelage du politique.

– *Le domaine.* Le champ politique moderne s'édifie à partir et autour de l'État-nation. Il est dominé par trois questions : préparer, faire et gagner la guerre ; assurer l'ordre interne (police) ; faire vivre la solidarité nationale (éducation, sécurité sociale). Avec la gouvernance globale, la planète entière devient l'espace public, le politique ayant pour mission d'organiser la survie et le développement de l'humanité. D'où le recul ou plutôt la transformation des « vieux » problèmes (la guerre, la paix) et l'affirmation de « nouveaux » enjeux, qui ne sont pas si neufs : santé publique, environnement... Selon le penseur allemand

Carl Schmitt (1888-1985), homme de l'époque des guerres mondiales, la mission du politique est de désigner l'ennemi, la guerre constituant le rapport fondamental entre les groupes humains. L'univers de la gouvernance, lui, se veut au-delà de la guerre. Celle-ci permettait de s'enrichir par le pillage et la conquête de territoires. Aujourd'hui, les terres, dans leur majorité, sont distribuées, et l'échange organise un enrichissement pacifique. La grande ligne de partage s'établit alors entre le plus grand nombre, tous ceux qui sont pris dans le jeu économique et social, et les autres : exclus, délinquants, masses hors jeu. La peur, au lieu de se fixer sur des ennemis clairs, bien identifiables, circule entre toutes sortes de personnages : drogués, immigrés, mafieux... Le domaine politique se globalise tant géographiquement, la Terre étant envisagée comme une totalité, que matériellement : tout, de l'environnement à la santé, du maintien de l'ordre à la solidarité, est politique, l'humanité contemporaine refusant toutes les fatalités (vieillissement, mort...) et considérant que tout doit et peut être géré.

– *Les acteurs.* L'espace public était le monopole de l'État, lieu de la citoyenneté, maître de la force légitime. Désormais l'État est un acteur parmi beaucoup d'autres : multinationales, organisations non gouvernementales, organisations interétatiques... et individus. Si la guerre classique, affrontement entre des totalités fermées, reste à l'horizon des États, les affaires publiques relèvent de plus en plus de la gestion, celle-ci appelant des dispositifs associant divers types d'acteurs : *gestion* des ressources naturelles (air, eau, forêts...), *gestion* des échanges et même *gestion* des aires de désordre (ex-Yougoslavie, Afrique des grands lacs...). Ce souci de la gouvernance d'associer et de responsabiliser tous les acteurs pertinents est à l'origine de l'un des dispositifs les plus représentatifs de cette notion de gouvernance : le *Global Compact*. Ce partenariat global est lancé en 1999 par Kofi Annan, secrétaire général des Nations Unies, lors de la réunion annuelle du *World Economic Forum* de Davos. L'objectif est de faire adhérer toutes les plus grandes entreprises de la planète à un pacte commun : respect des droits de l'homme, de normes de travail, de l'environnement... Cette démarche souligne que les intérêts supérieurs de l'humanité doivent désormais être assumés par tous, se ralliant librement à des disciplines communes. Quant au secrétaire général, il se pose ici en promoteur du grand jeu mondial, associant et responsabilisant tous les acteurs pertinents. Ce Pacte global « rassemble entreprises, organisations onusiennes, mouvements internationaux du travail, organisations non gouvernementales (ONG) et toutes autres entités afin d'encourager des partenariats et d'édifier un marché planétaire plus ouvert et équitable ». Il s'agit de dépasser les vieux antagonismes, notamment entre classes, et de fédérer les énergies.

– *Les procédures.* La gouvernance se veut un système de traitement de la complexité croissante des problèmes. Tout « grand » problème, du commerce international à la sécurité planétaire, est à *n* dimensions : scientifique, culturelle, économique, juridique... Ces problèmes sont à la fois mondiaux, continentaux, nationaux, locaux. Ces problèmes requièrent donc des configurations ouvertes de parties prenantes : spécialistes, responsables politiques, autorités morales, représentants d'innombrables intérêts... L'essentiel est moins le but, certes indispensable, que la dynamique de travail en commun. Les procédures non seulement assurent le respect de principes mais encore stimulent des comportements d'échange, de coopération.

Trois notions sont centrales : l'équipe, le club, le partenariat.

• *L'équipe* repose sur le travail en commun, subordonne le moi au nous, combat les narcissismes. En même temps, l'équipe vit dans et par la compétition avec d'autres équipes. Compétition saine, où chacun, tour à tour, gagne !

• *Le club.* La gouvernance se matérialise dans des clubs. Un club est un ensemble clos. Celui qui veut y rentrer doit non seulement remplir les conditions arrêtées par le règlement du club mais aussi se soumettre à une procédure d'adhésion, l'admission (ou le rejet) relevant d'un comité composé de membres du club. Le club, lui-même, est régi par un pacte entre ses membres. C'est un espace d'autodiscipline et aussi d'épanouissement partagé. Chacun des membres doit respecter le contrat sous peine de sanctions et, à l'extrême, d'exclusion ; en même temps, chacun s'approprie les règles en fonction de ses aspirations. La gouvernance traite toute structure collective (entreprise, État...) comme un club avec des joueurs tenus par des disciplines communes, chacun poursuivant, dans ce cadre, à la fois ses aspirations propres et les objectifs du club. Toute structure collective contemporaine peut être analysée comme un club. Les organisations interétatiques sont toutes des clubs, les conditions d'adhésion étant plus ou moins sévères selon que la cohésion interne est forte ou faible. Si l'Association des Nations d'Asie du Sud-Est (ASEAN, selon le sigle anglo-américain) est un club flou, l'Union européenne, elle, est un club beaucoup plus rigide.

Les États eux-mêmes se rapprochent des clubs. Le lien dit national entre un État et ses ressortissants n'est *a priori* en rien contractuel. La nationalité est en général conférée par les hasards de la naissance, alors qu'un club est choisi. L'on ne change pas de nationalité comme l'on change de club. En principe l'on est d'une seule nation tandis que l'on peut appartenir à plusieurs clubs. Mais la logique ultime des droits de l'homme n'implique-t-elle pas de reconnaître à chacun la capacité de vivre là où il veut et de migrer s'il le souhaite ? Une borne de taille se dresse d'emblée contre cette aspiration : le respect des droits de l'occupant actuel. Néanmoins, dans un monde de circulation généralisée, les liens entre les États et les hommes se contractualisent inévitablement, les premiers pouvant chercher à se procurer à l'extérieur des ressources humaines dont ils ne disposent pas chez eux, les seconds mettant en concurrence les États et se vendant au plus offrant.

Dans la perspective de la gouvernance, la notion de club marque que tout espace social (entreprise, État...) doit être délimité, avec une frontière à franchir, ce franchissement obéissant à des procédures précises visant à vérifier que le postulant deviendra un membre civilisé, respectueux des règles. En effet, la frontière passée, l'on entre dans une zone de libre circulation. Il y a des règles, mais elles sont tellement intériorisées que l'autorité de surveillance peut se montrer souple.

• *Le partenariat* noue et entretient un rapport en principe égal entre des ensembles – par exemple, entre des groupes d'États : Union européenne - Méditerranée, États-Unis-Mexique, Nord-Sud... Le partenariat cumule, semble-t-il, trois mérites : poser un cadre de règles (ouverture des marchés, protection des droits de l'homme, dialogue entre les cultures...) ; définir les protagonistes comme des égaux, alors que, dans les faits, ils sont souvent très inégaux (ainsi pays riches se liant à des pays pauvres) ; créer une dynamique de travail en commun, tissant des interdépendances de plus en plus denses.

– *Du conflit au différend.* Le conflit implique des points de vue irréductibles, la seule issue possible étant la victoire de l'un (et par conséquent la défaite de l'autre). Le différend s'inscrit à l'intérieur d'un système, organisé autour d'intérêts supérieurs ; si surviennent nécessairement des litiges, ceux-ci sont réglés selon des principes, dont la bonne mise en œuvre est garantie par un mécanisme indépendant. Tel est l'*Organe de règlement des différends* (ORD) de l'Organisation mondiale du commerce (OMC). L'OMC est bien un pacte social, régissant les échanges entre les États membres de cette organisation. Par la grâce de ce pacte, tout conflit sur les échanges entre ces membres se fait différend, désaccord soumis à des procédures obligatoires.

La gouvernance est bien le produit d'un monde convaincu d'être pacifié. Il faut gérer, épanouir la créativité. Dans cet univers apaisé, la surveillance mutuelle et permanente doit assurer la discipline, chacun rendant des comptes et devant être transparent. Non sans une terrible ironie, la gouvernance se donnerait-elle pour ambition de transformer la planète entière en Panoptique, cette prison parfaite de l'utilitariste britannique Jeremy Bentham (1748-1832) ? Dans cet établissement, chaque détenu est maintenu sous le regard constant de gardiens, ceux-ci ayant pour mission de réformer les délinquants de fond en comble pour en faire des citoyens normaux... ou normalisés.

Chapitre III

LE MONDE DE LA GOUVERNANCE

La gouvernance constitue un monde ou plutôt un ensemble hétéroclite de dispositifs très divers, chaque problème, chaque institution, chaque entreprise dessinant son espace de gouvernance. Ces espaces ne sont ni clos, ni fixes. Ils s'interpénètrent, entretenant des rapports multiples et évolutifs. Ces systèmes se caractérisent par une inspiration commune : cette idée de gouvernance, autour de quatre éléments clés : les flux et les réseaux comme source et condition de la richesse et du pouvoir ; la participation d'acteurs multiples, unis par un marchandage multiforme et permanent ; des normes diverses, règles du jeu, elles aussi en négociation constante ; enfin, des gardiens, des arbitres chargés de veiller à la régularité des processus.

I. – Les flux et les réseaux

L'explosion des flux et des réseaux est bien l'une des dimensions majeures de la mondialisation. Ces flux, ces réseaux sont essentiels pour la vie économique et politique. Les entreprises, dont la priorité est la rationalité maximale de leur gestion, fonctionnent en « flux tendus », limitant le plus possible les stocks. Le souci de fabriquer au meilleur prix, la chute massive des coûts de transport permettent la multiplication des sites de production, entre lesquels les échanges doivent être fluides. Toute rupture dans la circulation risque de paralyser l'ensemble du système, créant à un endroit des embouteillages, à un autre des pénuries. De même le politique est-il remodelé par les flux : être connecté aux circuits d'information, savoir les utiliser...

De ce fait, plusieurs concepts, tout en pouvant garder leur contenu traditionnel, sont reformulés.

1. **Un pouvoir en déplacement constant.** – Ainsi *le pouvoir*. Le pouvoir, la puissance sont par tradition liés à la possession, à la propriété. L'État, avec son territoire, sa population et son appareil politico-administratif, fournit peut-être la meilleure incarnation de ce pouvoir-propriété. Avec la multiplication des flux et des réseaux, ce pouvoir-propriété est pénétré de toutes parts ; il lui faut, pour vivre ou survivre, être constamment nourri, irrigué. Le pouvoir réside alors dans le contrôle de ces flux ou de ces réseaux. Le pouvoir se révèle plus mobile, plus instable. Traditionnellement, mais aussi encore aujourd'hui, le pouvoir se bâtit et se défait sur la longue durée, par la guerre ou par des mutations de fond : progrès techniques, déplacement des voies d'échange. Or l'explosion des communications, la compétition remettent en jeu plus aisément le pou-

voir. Les positions établies sont plus mouvantes. Celui qui, à un moment, occupe le lieu stratégique peut se retrouver soudainement marginalisé.

Le pouvoir, incroyable fiction pour faire courir les hommes, laisse la place à des systèmes plus ou moins durables de relations, où ce qui reste de pouvoir se distribue en fonction de la capacité à contrôler les flux. Tel le furet de la chanson, il court, il court, le pouvoir. Ainsi les compagnies aériennes sont-elles longtemps des instruments et des symboles de puissance, la majorité des États se dotant d'une compagnie nationale, afin d'être maîtres des échanges aériens entre leur territoire et l'extérieur. Dans un monde où le marché aérien explose et l'avion devient un super-métro, les compagnies dites nationales, emportées par le tourbillon de la compétition, ne sont plus que des entités commerciales, se battant pour une survie de plus en plus aléatoire. Et le pouvoir ? Ce qu'il en subsiste peut-être revient à ceux qui organisent la rencontre de l'offre et de la demande, les agences de réservation de sièges. Ces agences ne sont que des rouages d'une vaste machine, dont la tâche est d'assurer la circulation la plus fluide possible de milliards de passagers. Ici, la gouvernance consiste en la fixation et la mise en œuvre des règles du jeu, le but n'étant plus collectif ou politique (contribuer à la sécurité d'un État) mais individuel (permettre à chaque passager d'accomplir son trajet).

La gouvernance implique un pouvoir doux *(soft power),* agissant par l'incitation et la persuasion, par opposition au pouvoir dur *(hard power),* imposé par les armes. Ce pouvoir, étant censé ne plus descendre d'en haut, ne plus appartenir à une instance précise, se coule dans une *négociation* multiforme et continue. Tout est marchandage et compromis, avec, tout de même, pour tenir le système, un intérêt commun très fort : que ce système fonctionne !

2. **Une sécurité illimitée ?** – La sécurité classique est enfermée dans un territoire, celui d'un État, garant et gardien de cette sécurité contre tant les instabilités intérieures que les agressions extérieures. Il s'agit de maintenir un ordre. Cette problématique demeure, mais elle se trouve élargie et remodelée. Dans des sociétés riches et démocratiques, l'exigence de sécurité se fait infinie, tant contre la délinquance et la guerre que contre tout fléau : misère, maladie, mort... Dans ce monde, les flux et les réseaux, tels le sang et les vaisseaux de l'organisme, doivent fonctionner en continu. Les frontières étatiques, toujours bien réelles, ne doivent provoquer aucune rupture dans la circulation. La sécurité, au lieu de se centrer sur un espace déterminé, devient surtout celle des flux et des réseaux, ceux-ci charriant tout et n'importe quoi : marchandises et touristes inoffensifs, mais aussi capitaux, armes, drogues, terroristes... La sécurité doit être sans frontières, alors que les espaces terrestres sont toujours partagés entre des États souverains.

Les différents espaces de sécurité (sécurité politico-militaire, sécurité juridique, sécurité économico-sociale, sécurité sanitaire...), tout en continuant de relever d'appareils administratifs distincts (armée, police, système de santé...), se superposent, s'entremêlent. La porosité croissante des frontières interétatiques, la globalisation des enjeux font que guerres, conflits ethniques, déplacements de populations, désastres écologiques, épidémies se heurtent, se combinent et disloquent les distinctions établies. La gouvernance couvre tous les efforts faits pour associer de manière cohérente et dynamique les différentes approches, celles du politique, du soldat, du policier, du médecin...

Cette sécurité sans bornes appelle des mécanismes de *police*. La police implique une société, des normes intériorisées par la grande majorité et garanties par des sanctions en cas de violation. La gouvernance, elle aussi, requiert une société, des parties prenantes ressentant comme quasi naturelles les règles organisant leurs rapports. La gouvernance, mode de gestion des flux, réclame des systèmes de police, suivant ces flux, intervenant rapidement et discrètement en cas de nécessité. La police se centre sur les points de passage : gares, ports, aéroports. Il faut filtrer, repérer dans ces circulations vitales et innombrables ce qui est dangereux.

En même temps, la notion de police s'élargit, se distord. La police doit contrôler, faire circuler mais aussi aider, assister, réconforter. Chaque personnage (l'administrateur, le médecin, le soldat...) doit à la fois garder son rôle et s'ouvrir à d'autres tâches.

L'ambition de la gouvernance serait l'élimination de la *force*. Celle-ci ne serait plus nécessaire, tous étant égaux et soudés par un projet commun, ou plutôt tous étant totalement et intimement remodelés par les règles en vigueur. La *persuasion* remplacerait la force. Les hommes désormais raisonnables et liés ensemble par des réseaux d'obligations réciproques établiraient toujours des compromis mutuellement avantageux.

II. – Des acteurs multiples

1. **Une prise de parole multiforme.** – Le politique, dans le sens classique, s'organise autour du *conflit,* la question fondamentale étant : Comment faire vivre ensemble des individus, des groupes qui se disputent sans fin des ressources en quantité regardée comme fixe : espaces, matières premières, pouvoir, prestige ? Dans cet univers, seuls comptent les détenteurs de la force et d'abord l'État souverain. La gouvernance se veut au-delà des conflits, ceux-ci se trouvant dépassés ou, du moins, subordonnés à des intérêts communs : création de richesses, partage de ces richesses, gestion de la planète. Le *problème* remplace le conflit. Il s'agit moins de s'affronter que de traiter une question.

Dans ce but, il est impératif de rassembler tous les acteurs pertinents, tous ceux qui, à des titres divers (compétence, exercice d'une autorité, fourniture de biens ou de services, moyens financiers...), peuvent et doivent contribuer à la solution du problème. La *pertinence* peut venir d'éléments très divers : expertise technique, autorité politique, rayonnement médiatique, ressources financières... Dans ces jeux à *n* dimensions, l'État a sa place : il contrôle un territoire, représente une population et dispose de capacités multiples, en particulier diplomatiques et militaires.

Les problèmes de la gouvernance appellent des dispositifs considérables, où se rencontrent et négocient tous les protagonistes. Exemples parmi d'autres, se développent, depuis les années 1990, les sommets planétaires sur des enjeux typiques de gouvernance globale : environnement et développement (Rio de Janeiro, 1992 ; Johannesburg, 2002), femmes (Pékin, 1995), urbanisation (Istanbul, 1996)... Ces réunions, où se côtoient États, organisations non gouvernementales, mouvements divers, spécialistes, médias, mettent de grandes questions sur la table. Ainsi se nouent des dialogues multiformes, ébauches chaotiques d'une scène publique mondiale. La gouvernance se fait autour de ces discussions-débats-marchandages. La position des différents acteurs n'est jamais donnée *a priori,* mais modelée par les affrontements. À Pékin, en 1995, les femmes affirment leur droit à la parole, leurs adversaires majeurs étant des religieux – catholiques, musulmans.

Les muets, les silencieux prennent la parole : femmes, enfants, peuples autochtones... Même ceux qui avaient tendance à se cacher – ainsi les mutinationales toujours inquiètes d'être accusées de méfaits sociaux ou écologiques – doivent également parler. Dans l'univers de la gouvernance, pensée, parole et action sont en continuité. La *communication,* dimension essentielle de la gouvernance, se coule dans toutes les activités, tous les circuits de l'organisation sociale : communication interne, contribuant au fonctionnement fluide de l'organisation ; communication externe, aidant à une meilleure osmose entre l'organisation et son environnement ; communication institutionnelle, afin d'asseoir l'identité de l'organisation ; communication informelle, chargée de suggérer des changements encore en évolution.

2. **Des négociations générales et permanentes.** – Les problèmes appellent des *processus*. L'important est autant la fin, connue (paix, réconciliation, développement économique), que le cheminement. Celui-ci noue des échanges, met à plat les malentendus, accouche pas à pas d'une vision commune. Ces processus, surtout de paix, fusionnent le « technique » (gestion de l'eau, réfugiés...) et le « politique » (institutions à instaurer, désarmement...). Le processus est global, concernant tous les domaines de la vie sociale, et amenant individus, États, sociétés à travailler ensemble. Ainsi découvriront-ils que ce qui les unit est plus important que ce qui les sépare, l'essentiel étant ce que l'on fait ensemble...

Tout système de gouvernance vise à associer tous les acteurs pertinents, tous ceux qui, à des titres divers, ont une légitimité à intervenir dans le domaine concerné. Il y a ceux dont la présence va de soi : États, organisations interétatiques... Mais il y a de plus en plus ceux dont la légitimité est autoproclamée : entreprises, groupes de pression, *organisations non gouvernementales* (ONG)... Les ONG ne sont *a priori* que les représentants de leurs adhérents, soit le plus souvent une poignée d'individus. Les ONG les plus connues *(Amnesty International, Greenpeace...)* ont plusieurs centaines de milliers de membres ; ce nombre reste faible par comparaison aux millions, ou aux centaines de millions de ressortissants d'un État. Les ONG construisent leur légitimité en se posant en porte-parole d'intérêts globaux qui auraient été laissés de côté : environnement, santé, droits de l'homme... La légitimité n'est plus héritée, donnée par la masse, la puissance ; elle doit être conquise par la capacité à proposer, à fixer les agendas. Les ONG font entrer dans les débats publics internationaux des questions très diverses, de l'interdiction des mines anti-personnel à l'établissement d'une Cour pénale internationale (CPI), du développement durable aux droits des animaux.

Les *multinationales* sont également des composantes, des rouages de la gouvernance. Ces énormes entreprises sont essentielles à la circulation ; elles l'organisent, par exemple en mondialisant la fabrication des produits. C'est le blue-jean, dont la confection est répartie entre diverses usines, dispersées aux quatre coins de la planète. Les multinationales se présentent comme des lieux majeurs de gouvernance, faisant vivre ensemble, dans des négociations permanentes, différents pôles d'intérêt : dirigeants, actionnaires, salariés et aussi protagonistes extérieurs (notamment, mouvements écologistes). Ces pôles ont besoin les uns des autres pour maintenir la dynamique de l'entreprise, tout en s'opposant durement sur la distribution du profit, de la valeur ajoutée. La centralité de la richesse, qui n'est plus perçue comme une donnée immuable mais comme une création, fait des multinationales des protagonistes des débats et des choix politiques. Lorsque des laboratoires pharmaceutiques, soumis à très vigoureuses pressions, acceptent de fournir tel ou tel médicament à bas prix, l'enjeu n'est plus seulement économique et financier, il est politique, une question d'intérêt général ne pouvant pas ne pas être soulevée : lorsque le monde actuel se trouve confronté à une épidémie grave, quel doit être le partage du fardeau entre les parties concernées (laboratoires, États, organisations internationales, fondations privées...) ?

Dans le monde de la gouvernance, les acteurs, tout en conservant leur rôle traditionnel (l'État, gardien de l'intérêt général ; l'entreprise, entité commerciale...), intègrent des dimensions de l'autre : l'État reçoit des impératifs de gestion analogues à ceux de l'entreprise ; l'entreprise se donne des tâches dites citoyennes (aide financière à des activités non lucratives). Pourquoi ce métissage des acteurs ? Le champ politico-social est régi par une concurrence tous azimuts ; tout acteur, ne serait-ce que pour recueillir le plus d'argent possible, convainc et justifie constamment ses actions : l'État montre qu'il ne gaspille pas les fonds du contribuable, l'entreprise prend en charge des initiatives caritatives, culturelles, écologiques. L'intérêt général n'est plus le bien nettement circonscrit de l'autorité publique ; c'est désormais un produit et un enjeu évolutif de négociations entre acteurs sociaux.

III. – Des normes diversifiées

La gouvernance vit au pluriel. Rassemblant des éléments hétérogènes (problèmes de toutes sortes, acteurs multiples...), elle doit, tout en respectant cette hétérogénéité, faire travailler cette diversité en commun. La norme doit se cristalliser au carrefour de la contrainte et du consentement, ne fonctionnant que si elle est intériorisée et vécue.

1. **Droit dur, droit mou.** – Un pacte fondamental, explicite ou implicite, pose les règles du jeu. Ce pacte peut être une loi ou un contrat, inscrit dans un texte précis, doté d'une valeur juridique claire. Le plus souvent, ce pacte combine toutes sortes de normes, les unes précises, d'autres moins figées et plus floues. La gouvernance associe, selon des modalités infinies, droit « dur » *(hard law),* écrit, aux effets nets, et droit « mou » *(soft law),* mouvant, évolutif.

La gouvernance est inséparable de la *régulation.* La régulation, démantelant les corsets rigides de la réglementation, apparaît avant la gouvernance, dans les années 1970. Des secteurs de circulation – transports aériens, télécommunications – sont alors emportés par une révolution : innovations techniques ; effondrement des coûts ; explosion de la demande et de l'offre ; amplification de la concurrence ; internationalisation massive... Les États-Unis, toujours pionniers, déréglementent ces secteurs, démantèlent les vieux carcans législatifs et administratifs, privatisent. L'économie ne doit plus être enfermée dans des corsets bureaucratiques, elle doit être régulée, encadrée par des normes souples. La régulation, ses valeurs – fluidité, flexibilité, légèreté, diversité, créativité... – annoncent la gouvernance.

2. **Les codes, vecteurs privilégiés de la régulation.** – La régulation se construit autour de *codes*. Le code est un ensemble de normes, de pratiques posant des contraintes, susceptibles d'interprétations ouvertes. Le but est de sécréter de l'autodiscipline par une conscience claire des intérêts communs. La loi est adoptée selon des procédures constitutionnelles et porte des effets juridiques précis ; le code, lui, est le fruit de négociations. Celles-ci, souvent, mais pas toujours, se déroulent au sein d'un secteur, d'une profession. Le code est un processus auto-organisationnel. Les obligations communes et mutuelles doivent être « naturelles ». La sanction éventuelle pour un comportement non conforme peut être une punition juridiquement établie. Mais l'instrument répressif est plutôt la réprobation du groupe, tout comme, dans une cour de récréation, l'on met en quarantaine le mauvais camarade.

La société de la gouvernance est verbeuse. Les textes y prolifèrent, suscitant interprétations, jurisprudences, commentaires. C'est un univers de *fictions,* ces représentations fabriquées par les hommes et dont la valeur réside dans la croyance – fort précaire – qui les entoure : chiffres, bilans, tableaux, contrats, protocoles, addenda, rectificatifs, communiqués... La manipulation de tous ces éléments est au cœur de la gouvernance, avec, pour personnages déterminants, les juristes, les comptables, les financiers et autres experts.

La gouvernance remodèle la notion de *droit*. Selon la représentation classique, le droit s'identifie à la loi, adoptée solennellement par la représentation nationale, et fixant des règles quasi éternelles. Ce droit s'en tient à des principes, à des formules générales. Il se méfie du particulier ou, tout au moins, l'abandonne au gouvernement et au juge. Avec la gouvernance, la production de droit est illimitée et permanente. Le droit ne descend plus d'en haut. Ses sources sont multiples : lois, contrats, jurisprudences, déclarations d'intention... Ce droit est en négociation constante, la volonté générale laissant la place aux jeux des volontés particulières.

L'intérêt général, au lieu d'exprimer une perspective quasi éternelle, arrêtée par le pouvoir (le roi, la nation, l'État...), est façonné par les négociations multiformes et permanentes de la gouvernance. Cet intérêt général renouvelé, au lieu de véhiculer une identité hors du temps (l'Angleterre, la France, *General Motors*...), est construit et reconstruit.

IV. – Des instances indépendantes

La gouvernance requiert un terrain de jeu, donc un ou des arbitres chargés d'assurer au bon déroulement de la partie et de sanctionner le viol des règles. Dans le sillage de la gouvernance, éclosent les autorités indépendantes, instances collectives de surveillance.

1. **À la recherche de la transparence absolue.** – La gouvernance exige la *transparence*. Or, dans la gouvernance, tout en principe doit et peut être discuté. D'où l'importance de l'*audit*, dont la mission est d'établir la

« vérité », des documents exacts et certifiés. L'audit, à l'origine vérification de l'exactitude des comptes, s'élargit à d'autres domaines. Toute entreprise doit sans cesse prouver sa légitimité auprès de ses clients, prêts souvent à ne plus rien lui acheter s'ils découvrent ou décrètent qu'elle est « immorale » (par exemple, en utilisant des produits dangereux, en faisant travailler des enfants). Les entreprises font alors procéder à des audits écologiques, sociaux, visant à garantir qu'elles sont en conformité avec les normes. L'audit ne se veut pas un simple constat, il est conçu pour pousser l'entreprise à s'améliorer, en lui fixant des objectifs de qualité. L'audit est donc aussi un enjeu, celui qui établit la vérité disposant d'un pouvoir considérable. Le monde de la gouvernance est plein de contrôleurs de toutes sortes, chacun, et notamment le consommateur, exigeant d'être assuré qu'il ne court aucun risque. La transparence réclame la *traçabilité*. Tout doit être connu du produit : ses composants, les étapes de sa fabrication...

Les domaines privilégiés de la gouvernance sont souvent des champs nouveaux. Les bornes, les priorités établies sont malmenées, brouillées : environnement, génétique, communications... De très vieilles questions doivent être reformulées : L'exploitation de la nature est-elle sans limites ? Le corps humain et ses composants sont-ils manipulables à l'infini ? Quelles entraves à la liberté d'informer et de communiquer ? La nature, le corps peuvent-ils être marchandisés ?

Les instances indépendantes, rassemblant des personnes pertinentes, doivent être compétentes, indépendantes et incontestables. La compétence est requise par la complexité même du domaine : comment statuer sur les manipulations génétiques, sans des connaissances scientifiques approfondies ? L'indépendance participe également à la qualité du jugement : celui-ci sera le fruit d'une réflexion libre de tout préjugé, de tout parti pris. Compétence et indépendance sont indispensables pour asseoir le caractère incontestable de l'autorité, mais suffisent-elles ? Le respect entourant une institution dépend d'innombrables paramètres, rationnels et irrationnels.

2. **Agences de notation.** – Les *agences de notation* sont des entreprises privées, vendant des services. Les trois grandes sont *Standard and Poor's, Moody's, Fitch-IBCA*. Ces agences notent les États, les entreprises, évaluant les risques économiques et financiers pesant sur ces entités. Ces agences répondent à un besoin profond : dans un monde saturé d'informations, chacun est en quête de la *bonne* information. Il y a toujours, chez chacun (surtout si son argent est concerné), le rêve d'avoir des certitudes. Que l'avenir soit irrémédiablement imprévisible est insupportable. Les agences de notation ne sont pas sans contradictions. Il leur faut fournir des diagnostics précis et sûrs. Or les informations de base leur viennent des entités appelées à être notées. Noter un État, c'est porter un jugement sur une structure responsable de millions d'hommes, mettre en cause un gouvernement et peut-être contribuer à susciter une panique.

Les agences de notation confirment que l'univers de la gouvernance évoque la salle de classe. Les États en sont les élèves en compétition constante les uns avec les autres. Ils sont classés par la politique économique, le respect des règles de concurrence, l'absence de corruption, la qualité de l'éducation et des infrastructures... Les notateurs sont très nombreux : ce ne sont pas seulement les agences de notation ; il y a aussi les opérateurs financiers, des organisations internationales (ainsi l'Organisation de coopération et de développement économiques – OCDE – consacrant des rapports périodiques aux États membres), des associations. La note finale, toujours changeante, vient de la confiance ou de la méfiance des investisseurs. Peut-on refuser d'être noté ? Pourquoi pas ? Mais refuser (comme la Corée du Nord), c'est jouer un tout autre jeu : renoncer aux flux de la mondialisation, s'enfermer dans la pauvreté et la terreur policière.

3. **Autorités indépendantes.** – Les *autorités indépendantes* sont, elles, des instances officielles, pouvant disposer de pouvoirs juridiquement contraignants et de substantielles capacités administratives. Créées par une loi ou par un traité, ces autorités assurent le bon fonctionnement d'un secteur. Ce sont, au sein d'un nombre croissant d'États démocratiques, les agences, commissions, conseils pour la régulation des télécommunications, de l'audiovisuel. Ce sont, à l'échelle interétatique par exemple, l'Agence internationale de l'énergie atomique (AIEA, Vienne) ou le Groupe international sur les changements du climat (*International*

Panel on Climate Change, IPCC). Il s'agit, dans des domaines sensibles (dangers sanitaires, écologiques), de confier à une administration ou une enceinte spécialisée, protégée par le droit, la surveillance des activités concernées. Certaines ne font qu'observer, fournir des informations donnant lieu à débat : ainsi, au sein de l'IPCC, les controverses sont loin d'être closes, sur les changements du climat, leurs origines et leurs conséquences... D'autres instances sont dotées de réels pouvoirs : l'AIEA passe avec les États ayant renoncé à toute activité nucléaire militaire des accords de contrôle de leurs installations.

Ces instances traduisent un certain désarroi des autorités publiques établies, États, gouvernements, devant des problèmes de sécurité, de santé publique. Le politique, inquiet, désemparé, demande à une instance en principe incontestable de trouver et d'établir la vérité : y a-t-il, oui ou non, changement du climat ? Les organismes génétiquement modifiés (OGM) sont-ils dangereux pour l'homme ? Les enjeux politiques à dimension scientifique se multiplient, la gouvernance se définissant comme une démarche soucieuse d'envisager toutes les facettes d'une question et donc de confronter toutes les compétences en la matière.

• *Or la science, loin de porter une vérité claire et incontestable, est, elle aussi, pleine d'interrogations et de conflits.* Par exemple sans doute y a-t-il changement du climat... Mais ce changement vient-il des cycles naturels ou des activités humaines ? À quels rythmes et dans quels délais s'opèrent les variations de température ? Le changement n'est-il pas surestimé, des facteurs de neutralisation (par exemple, absorption par les océans du gaz carbonique dans l'atmosphère) freinant les modifications de température ?

La vérité est un enjeu. Celui qui est convaincu de la détenir est tenté de se poser en prophète ou en guide. La vérité, surtout dans un monde d'experts, de spécialistes, n'est jamais la propriété incontestée d'un seul. Les savants sont des hommes de pouvoir, conscients qu'en faisant triompher leurs thèses ils obtiennent une reconnaissance, un prestige, sources de pouvoir. La vérité suscite d'âpres discussions, parfois d'une grande violence.

La gouvernance repose sur le consensus. Mais les hommes quasiment unanimes peuvent se tromper – croire, par exemple, que le Soleil tourne autour de la Terre. Dans ces conditions, les instances indépendantes ont pour mission de dégager cette vérité absolue, objective que le vote démocratique ne saurait dégager. Or cette vérité se réduit rarement à un constat clair, suscitant chez tous la même interprétation. Au contraire, science et morale s'entremêlent. Ce qui est « vrai » doit être « bon ». Le clonage, les Organismes génétiquement modifiés (OGM) sont-ils « bons » ou « mauvais » ? Face à la frayeur que suscite toute nouveauté, le bon sens rappelle que, depuis que l'homme est homme, il ne cesse de manipuler la nature.

• *Par ailleurs, dans la mesure où une vérité est incontestable, elle n'en détermine pas pour autant les choix économiques, sociaux, politiques.* Si le changement du climat, du fait des activités humaines, s'impose comme certitude, quelle sera la « bonne » politique ? Mettre fin à toutes les émissions artificielles dans l'atmosphère – soit, en clair, arrêter la quasi-totalité des industries, interdire la circulation des automobiles ? Ou, au contraire, ne rien faire, la tâche étant trop énorme et d'une efficacité très incertaine ? Ces choix extrêmes sont-ils réalistes ? Si jamais ils sont retenus, seront-ils vraiment adéquats, contraignant les hommes soit à des disciplines draconiennes, soit à une insupportable résignation ?

Chaque ordre de raisonnement – scientifique, technique, esthétique, moral, économique, politique... – est soumis à des contraintes, des postulats et une logique spécifiques. Ces ordres peuvent être radicalement inconciliables. Pour les scientifiques, la nature est une réalité ne portant aucune morale, alors que certains moralistes rêvent d'une nature disant le bien et le mal. La morale occidentale traite en général tous les hommes comme des égaux, tandis que l'économie, partant du caractère limité des ressources, entraîne des choix inégalitaires. La gouvernance traite ces ordres de raisonnement comme des points de vue en discussion et négociation les uns avec les autres. Mais tout problème peut-il être réglé par un consensus ?

Le monde de la gouvernance se rêve comme un monde sans réalité donnée. Il n'y a plus de *nature,* de cette matière obstinée qui s'impose aux hommes et leur résiste. Il n'y a plus que de la *culture.* Selon l'approche constructiviste, toute réalité est construite. Les rapports entre les hommes ne sont plus que des jeux sans fin entre des représentations, la gouvernance se proposant comme un mode de gestion de ces rapports. Mais, si les hommes n'appréhendent le réel qu'à travers des outils qu'ils ont forgés (langages, cultures...), ce réel n'en existe pas moins.

Chapitre IV

LES LABORATOIRES ÉQUIVOQUES DE LA GOUVERNANCE

La gouvernance est modelée par toutes sortes d'expériences. Si la littérature sur la gouvernance prolifère, il n'y a ni théorie ni système de la gouvernance. La notion est floue, contradictoire, évolutive, tournant tout de même toujours autour des mêmes questions : Comment faire vivre ensemble, gouverner des hommes libérés des contraintes brutales de la survie, plutôt instruits et conscients de leurs droits ? Comment gérer la planète et ses ressources, l'humanité disposant de capacités de destruction et aussi d'exploitation sans précédent ? La gouvernance a ses laboratoires : les multinationales, le système onusien, les régimes internationaux, enfin les constructions européennes. Et ces laboratoires ne manquent pas de contradictions.

I. – Les multinationales

1. **Des organismes en redéfinition permanente.** – L'entreprise, comme toute création humaine, est façonnée par l'esprit du temps. Les grandes entreprises du XIXe siècle évoquent, par leur audace et leur bruta-

lité, les navires de pirates, les bandes de cow-boys. L'épanouissement de l'âge industriel, dans la première moitié du XXe siècle, militarise l'entreprise : patrons au pouvoir absolu, morcellement des tâches, hiérarchies rigides... En cette ère dite postindustrielle, les multinationales offrent des terrains privilégiés d'expérience à la gouvernance, débattant, dans leur perspective, des enjeux clés de cette notion : Quelle unité ? Quelle diversité ? Quel contrôle ?

Toute multinationale, avec le temps, tend à devenir un conglomérat, immense bazar ayant accumulé toutes sortes de productions et d'activités. Alors, comment redonner une cohérence, une cohésion au monstre ? Par quels processus refaire et renouveler son unité ? La multinationale traditionnelle se veut une communauté hiérarchique, fabriquant elle-même tout ce dont elle a besoin, offrant fréquemment un emploi à vie à ceux qui travaillent chez elle. Elle se reconnaît dans un président (souvent fondateur), omniscient et charismatique, monarque absolu, réclamant et obtenant une loyauté totale. La nouvelle multinationale, structure flexible et chaotique, se veut réseau de réseaux, chacun se décomposant et se recomposant en permanence. Chaque composante est un centre autonome de profit. Tout ce qui doit et peut être externalisé (procédé de l'*outsourcing*) l'est : comptabilité, informatique... La gouvernance doit assurer une unité, non plus dictée d'en haut, mais construite en permanence par tous. L'entreprise type de la gouvernance est la société américaine *General Electric* longtemps dirigée par le flamboyant Jack

Welch. *General Electric* se définit moins par ses métiers, très divers et changeants, que par son style de gestion. Les secteurs, les cadres de l'entreprise sont mis en concurrence permanente les uns avec les autres. Périodiquement, afin de ne pas s'installer dans la routine, chacun doit détruire son métier et le réinventer. L'objectif est de garantir aux actionnaires la meilleure profitabilité possible.

2. **Le dilemme cohérence/créativité.** – De même, la multinationale se trouve tiraillée entre l'impératif d'unité, d'identité et l'indispensable épanouissement de sa diversité. La multinationale d'aujourd'hui a pour horizon le monde : si elle veut vendre dans tous les continents, être acceptée par toutes les cultures, ne doit-elle pas être, en son sein, à l'intérieur d'elle-même, un lieu de multiculturalité assumée et stimulée ? Cette multiculturalité doit rendre plus créatrice l'entreprise, celle-ci puisant dans toutes les traditions, dans toutes les images et opérant de nouveaux métissages, des synthèses inattendues. C'est l'ère du « glocal » : l'entreprise à la fois a une vision planétaire et s'adapte à tous les micro-marchés. Face à une concurrence toujours renaissante, il s'agit de se différencier, en saisissant de manière toujours plus fine les goûts. Le produit de base – automobile, vêtement... – n'étant qu'une commodité à faible valeur ajoutée, il faut injecter, dans les détails, de l'originalité, en mobilisant les particularités esthétiques, culinaires... La multiculturalité s'impose comme un éveilleur ou un stimulateur de consommation.

D'autres tensions résultent des demandes multiples que suscite tout pôle créateur de richesses. L'entreprise, pour être pleinement légitime, ne doit pas se contenter de fournir des produits et des services, elle doit devenir citoyenne, se montrer exemplaire tant à l'intérieur (respect des employés, rejet de toute discrimination, disciplines écologiques...) qu'à l'extérieur (soutien d'activités culturelles et sportives, initiatives humanitaires...). Au moment où l'État se trouve soumis à des contraintes de rentabilité, l'entreprise, elle, est poussée à assumer des tâches d'intérêt général. Cette évolution ne va pas sans débats. Chacun ne doit-il pas rester dans son domaine, au lieu de se disperser et de mécontenter ses partenaires établis : pour l'État, les citoyens ; pour l'entreprise, ses actionnaires et tout de même aussi ses employés et ses clients ?

La gouvernance, dans sa définition des années 1990, suggère que tous les intérêts sont conciliables. Sans doute le sont-ils lorsque toutes les parties prenantes sont ou se croient gagnantes... ou au moins lorsque les perdants n'ont pas d'autre alternative que de subir et se taire. La gouvernance d'entreprise de ces années 1990 s'identifie avec l'affirmation du pouvoir des actionnaires ou, plus précisément, des fonds de pension. Il y a alors un pacte tacite entre ces actionnaires, satisfaits par les performances mirobolantes des entreprises, et les dirigeants, obtenant sans difficulté des rémunérations tout aussi mirobolantes *(fat cats)*. Quant aux employés, ils doivent suivre. Les catastrophes et scandales de l'aube du XXIe siècle, de

Enron à *Vivendi,* suscitent des efforts de redéfinition de la gouvernance. Le contrôle doit être un vrai contrôle. Alors le contrôle doit-il et peut-il être le monopole des spécialistes, finalement imparfaits ? Le contrôle ne doit-il pas émaner de plusieurs sources – certes des auditeurs mais aussi des actionnaires, des employés ?

Idéalement, la gouvernance d'entreprise se veut un ajustement permanent. Si l'erreur est humaine, sa correction permet une amélioration sans fin. Il y a un pari derrière cette approche : tous les protagonistes sont de bonne volonté, ils jouent le jeu sans tricher.

II. – Le système onusien

La Charte des Nations Unies (26 juin 1945) s'inscrit d'abord dans une perspective classique : son but est d'empêcher la guerre par la concertation organisée, institutionnelle des vainqueurs. En même temps, le système onusien, conçu un demi-siècle avant que ne se manifeste l'idée de gouvernance, la porte d'au moins quatre manières, tout en en soulignant les équivoques.

1. **Une conception globale et dynamique de la paix.** – L'ONU est le cœur d'un dispositif complexe, appréhendant, dans le sens le plus large, tous les rapports internationaux, de la monnaie (Fonds monétaire international, FMI) à la santé (Organisation mondiale de la santé, OMS), la plupart de ces institutions étant mises en place dans le sillage de l'ONU. La paix ne doit plus être une trêve entre deux affrontements armés,

mais une construction permanente, impliquant l'ensemble de la vie sociale.

La problématique de la guerre et de la paix se transforme très profondément à partir du XIXe siècle. Tant pour les philosophes des Lumières que pour les fondateurs du libéralisme puis du socialisme, la guerre n'est pas une fatalité inscrite dans la nature de l'homme ; c'est un fait social, résultant de conditions économiques, culturelles, politiques précises. Que ces conditions changent, et la guerre disparaîtra, tout comme une maladie traitée par les médicaments pertinents. Chaque courant a son remède : les libéraux mettent l'accent sur le développement du commerce et la diffusion des droits de l'homme ; les socialistes insistent sur la distribution équitable des richesses... C'est dans le sillage du conflit terriblement sanglant qu'est la Première Guerre mondiale que ces idées descendent de leur ciel pour entrer dans le champ politique. Deux grandes organisations à vocation universelle sont créées simultanément. L'une – la Société des nations, SDN – est politique, instaurant entre les États impliqués une paix se voulant perpétuelle. L'autre – l'Organisation internationale du travail – est sociale, marquant que la paix requiert, en deçà d'un accord politique entre les États, des normes sociales. La paix doit aller au-delà des États et remodeler le jeu social. Tout comme, à l'intérieur des États, l'ordre social ne peut plus se réduire à la stricte police et doit organiser une solidarité entre tous, la paix internationale ne doit plus se contenter de photographier les rapports de force, elle doit les transcender par l'édification d'un ordre international juste. Le dispositif institutionnel mondial, développé à partir de la fin de la Seconde Guerre mondiale, élargit, approfondit, systématise la démarche de 1919.

2. **La démocratie multilatérale.** – Dans le système onusien, les acteurs élémentaires, les 192 États membres (2006), sont égaux en droits et en devoirs. Cette égalité des acteurs est l'un des principes de la gouvernance. Ces acteurs doivent être responsables, constituer des liens entre les peuples et la communauté internationale. « La souveraineté étatique, dans son sens le plus fondamental, est en pleine redéfinition – et pas seulement sous l'effet des forces de la globalisation et de la coopération internationale. Les États sont maintenant largement considérés comme des instruments au service de leur peuple, et non l'inverse. Au même moment, la souveraineté de l'individu [...] est renforcée par une conscience renouvelée et en pleine diffusion des droits individuels [...]. Une nouvelle et plus large définition de l'intérêt national s'impose au XXIe siècle ; elle incitera les États à parvenir à une plus grande unité dans la poursuite d'objectifs communs et de valeurs partagées » (Kofi Annan, secrétaire général des Nations Unies, 1999). Ce texte traite les États comme les membres d'une vaste équipe, les partenaires d'une communauté subordonnant leurs intérêts propres à ceux de l'ensemble. En outre, ce texte définit un système à trois pôles : le monde dans sa totalité, les États et les individus, chacun des trois se trouvant sous le contrôle des deux autres.

L'interne et l'international sont clairement, hermétiquement dissociés par l'État moderne. Celui-ci, souverain absolu chez lui, est une forteresse assiégée face à l'extérieur. Or les flux transnationaux de toutes sortes disloquent ces cloisonnements. Les États sont pris dans des réseaux multiples de surveillance croisée : autres États, organisations non gouvernementales et intergouvernementales... Les individus, s'ils continuent de n'être des entités juridiques que par leur nationalité, source de toute citoyenneté, deviennent déjà des enjeux. Les opprimés qui se révoltent disposent de multiples canaux pour faire connaître leur cause, des mouvements humanitaires en quête de missions aux médias avides d'événements. Dans la vaste foire planétaire, chacun formule sa plainte. Ainsi s'installe une démocratie sauvage, cacophonique. Les muets – peuples indigènes, minorités opprimées, victimes de génocide... – s'emparent du micro, de l'écran ou d'Internet. Derrière ces nombreuses prises de parole s'en dessinent encore d'autres. *Pourquoi pas moi ?*

3. **Entre démocratie et puissance.** – Gouvernance et dialogue sont inséparables. Le système onusien est une vaste machine à mouliner des textes : adoption de résolutions ; fixation et application de règles ; vérifications des engagements pris ; règlement de litiges... Le bilan de cette machine onusienne est équivoque. La rhétorique universaliste masque mais n'abolit pas les rapports de force, d'abord entre Occident et Tiers Monde.

L'Assemblée générale des Nations Unies, parlement planétaire où les 191 États membres siègent à égalité, existe par le vote de résolutions dépourvues de portée juridique. Cette Assemblée n'est pas vraiment un lieu de gouvernance ; elle est plutôt le forum des petits, des sans-grade, de ceux qui sont en marge du jeu de la puissance. Tout au long des années 1960 et 1970, elle multiplie les résolutions sur l'indépendance des peuples et condamne la domination occidentale. Depuis les années 1980, cette Assemblée s'assagit. La décolonisation est achevée ; les pays du Sud, dégrisés, guéris de leurs utopies (socialisme, développement autosuffisant, établissement d'un monde sans guerre), découvrent qu'ils sont des États comme les autres, pouvant être agressés par leurs voisins, et devant s'insérer dans les flux de la mondialisation s'ils veulent se moderniser. D'où des résolutions beaucoup plus raisonnables et soucieuses des droits de l'homme.

Le pouvoir de l'ONU est concentré dans le Conseil de sécurité. Celui-ci, avec le chapitre VII relatif au maintien et au rétablissement de la paix, peut prendre des résolutions s'imposant à tous les États membres de l'organisation mondiale. Le Conseil se caractérise-t-il par un esprit de gouvernance ? C'est en son sein que se discute en permanence la gestion de la paix mondiale. Mais le Conseil ne saurait ignorer la vieille logique de la puissance et de l'équilibre. Cinq États, les membres permanents (États-Unis, Russie, Chine, Royaume-Uni et France), chacun avec un droit de veto, pèsent plus lourd que les dix non permanents, qui, eux, n'ont que le pouvoir de leur vote. Au Conseil, chacun teste et vérifie sa puissance. L'accord du

Conseil n'est jamais automatique : en 2003, les États-Unis cherchent à obtenir un mandat du Conseil pour renverser la dictature de Saddam Hussein en Iraq ; ils échouent et finalement attaquent sans la légitimité d'un mandat onusien.

La gouvernance a besoin de rapports de force apaisés et encadrés. Le Conseil de sécurité demeure encore très proche du concert des puissances. Dans ce système typique du XIXe siècle, la poignée des grands États européens gouvernait, ou paraissait gouverner, le continent ; le recours à la guerre était toujours possible. La gouvernance se situe au-delà de la guerre, l'approfondissement des intérêts communs transformant les conflits en simples litiges. L'ONU, en instituant un policier mondial, tend à faire de la guerre un acte de délinquance, une violation de la loi internationale. Mais l'ONU ne saurait abolir, d'un coup de baguette magique, un monde fait d'États souverains et inégaux, dont la légitimité repose sur un territoire et une population bien délimités.

4. **La survie de l'humanité.** – La problématique de la survie de l'humanité se modifie au XXe siècle. Cette survie a toujours été aléatoire, l'humanité risquant toujours d'être anéantie par quelque catastrophe naturelle – tout comme, semble-t-il, il y a soixante-cinq millions d'années, les dinosaures furent détruits par un météorite. La nouveauté considérable du XXe siècle réside dans la mise au point, par les hommes eux-mêmes, d'instruments capables de les effacer de la surface de la Terre : bombe thermonucléaire, armes de

destruction massive... L'homme constate que ses activités (croissance démographique, industrialisation, urbanisation...) perturbent les équilibres naturels, abîment l'ozone protecteur des rayons solaires, font varier le climat. Ces données font, au moins partiellement, de la survie de l'humanité une question politique, les hommes apparaissant en mesure de précipiter leur fin ou de détériorer irrémédiablement leur environnement. Enfin, l'augmentation vertigineuse des circulations touche virus et microbes. Toute épidémie tend à être une pandémie se diffusant à toute la Terre (en 2003, pneumonie atypique).

L'alimentation, la santé, l'écologie sont constituées en enjeux politiques. Est-ce tout à fait neuf ? La maladie, l'hygiène, la propreté des eaux... ont toujours été des préoccupations politiques de premier plan. La nouveauté provient d'abord de l'approche de ces problèmes. Dans l'univers pré-industriel, il y a quelque chose de fatal, de cyclique dans ces phénomènes. L'homme les subit, s'en protège comme il peut, principalement en isolant la zone dangereuse. Les révolutions scientifiques, techniques, sanitaires depuis le XVIIIe siècle font que l'humanité, si elle n'est pas en mesure d'éliminer ces maux, les gère plus ou moins par une combinaison de remèdes : prévention, vaccination, meilleure nourriture... Parallèlement l'intensification sans précédent des circulations planétarise ces phénomènes. Comment établir des cordons sanitaires sur une Terre où le commerce, sous toutes ses formes, est la source de la richesse ? Ces problèmes biologiques et écologiques ne sont solubles ou, du moins, maîtrisables qu'envisagés dans leur globalité tant géographique que matérielle.

Ces questions appellent des dispositifs de gouvernance : identification méthodique du problème ; association des différentes compétences (savants, ingénieurs, économistes, responsables politiques, spécialistes des sensibilités culturelles...) ; fixation de normes à plusieurs niveaux (principes généraux, obligations de base, objectifs éventuellement chiffrés, codes, sanctions) ; lancement de processus garantissant des contacts permanents entre les protagonistes et permettant un ajustement constant des buts ; mécanismes de contrôle.

III. – Les régimes internationaux

Peut être défini comme régime international tout dispositif organisant et gérant un domaine précis (protection des baleines, utilisation du spectre électromagnétique...) par un ensemble de règles et de procédures, associant l'ensemble des parties concernées et d'abord les États. Surtout depuis les lendemains de la Seconde Guerre mondiale, l'explosion des interdépendances, la globalisation des problèmes entraînent une multiplication des régimes, allant du maintien de la paix (Organisation des Nations Unies, 1945) à la non-prolifération nucléaire (Traité de non-prolifération, TNP, 1968), de la préservation de la couche d'ozone (Protocole réglementant les chlorofluorocarbures, 1987) au changement du climat (Convention-cadre, 1992). Certains ont une vocation planétaire ; d'autres, régionale. Ces régimes internationaux sont bien des systèmes de gouvernance : reconnaissance d'intérêts communs, mobilisation de plusieurs types d'acteurs, gestion complexe et décentralisée, contraintes souples, utilisation d'incitations...

Les régimes internationaux confirment que la gouvernance est une construction rationnelle, réclamant des conditions précises : adhésion forte à des priorités ; des parties prenantes, limitées en nombre, se sentant à peu près à égalité et intériorisant les règles du jeu ; mécanismes incontestés de surveillance.

1. **Des intérêts reconnus communs.** – L'humanité se rend incontestablement compte que sa survie dépend en partie d'elle-même, de sa prudence tant face aux armes de destruction massive qu'elle a inventées que face à une nature qu'elle exploite systématiquement. Ces anxiétés suffisent-elles pour accoucher de mesures planétaires ? Rien n'est moins certain. Chacun garde ses priorités. Les possesseurs d'armes dangereuses (comme, par exemple, Corée du Nord de Kim Jong Il) connaissent la valeur de leur atout et ne conçoivent pas d'y renoncer sans de substantielles compensations. Les très grandes puissances, elles, n'oublient jamais que le monde est dangereux et que deux précautions valent mieux qu'une.

Les enjeux planétaires sont à la fois massifs et lointains. Le changement du climat, la dégradation de la couche d'ozone, la destruction des forêts tropicales, l'impact des pollutions demeurent, du fait de leur énormité, abstraits. Les diagnostics sont contestés.

L'ampleur des mesures envisagées (réduction massive des productions et des consommations) est telle qu'elles découragent tout début de mise en œuvre. Chacun marchande. Les États-Unis se savent si puissants qu'ils renâclent à subir toute discipline. La Chine, invoquant 1,3 milliard d'habitants à faire vivre, fait valoir qu'il lui faut exploiter ses ressources (notamment son charbon), quels que soient les dégâts écologiques. L'immense Russie se convainc que ses 17 millions de kilomètres carrés ont une capacité infinie de digestion des déchets.

2. **Inégalités et égalité.** – Le droit international, inspiré par l'esprit démocratique, repose notamment sur le principe d'égalité – égalité souveraine des États, égalité des individus. Les régimes internationaux sont organisés eux aussi sur ce principe. Dans un monde d'États souverains, auxquels rien ne peut être imposé, l'égalité des parties prenantes est essentielle pour faire accepter aux États des engagements disciplinant leur souveraineté. Mais les inégalités de fait entre les États (superficie, population, capacités économiques...) sont si considérables que cette égalité a bien du mal à se matérialiser. Deux exemples opposés font saisir les tensions entre principes égalitaires et réalités inégalitaires.

• *Dans le domaine atomique,* l'inégalité est flagrante : une poignée d'États ont l'arme atomique ; la grande majorité ne l'a pas et n'aura sans doute jamais la capacité de l'avoir. Dans ces conditions, un consensus, avec, pour pilier central, le TNP, se consolide progressivement entre les détenteurs officiels de capacités nucléaires militaires : ces détenteurs s'engagent à tout faire pour ne pas diffuser tant ces capacités que le savoir permettant de les acquérir. Ici l'inégalité est trop évidente pour être niée. Il reste tout de même une difficulté de taille : que faire tant avec les États-rebelles, ceux qui refusent de rejoindre le TNP (Israël, Inde, Pakistan), qu'avec les États-tricheurs, ceux qui, adhérant au Traité, le contournent (Corée du Nord, Iran) ? Tous disposent en leur faveur d'un argument de poids : ce sont des États, avec un impératif de sécurité ; dès lors que des États (États-Unis, Russie, Chine...) gardent des moyens atomiques militaires, au nom de quoi les autres n'en auraient-ils pas ? Toujours l'égalité ! Israël, protégé par les États-Unis, est intouchable. L'Inde et le Pakistan sont de fait admis dans le club des puissances nucléaires officielles (en 2006, visite du président Bush en Inde, marque d'acquiescement de Washington à la Bombe indienne). Pour la Corée du Nord, les États-Unis tentent, sans grand succès, de lui faire abandonner son arsenal en lui offrant diverses aides. Quant à l'Iran, il poursuit plus ou moins clandestinement un programme nucléaire militaire, que les Occidentaux s'efforcent de stopper, la Russie et la Chine offrant des bons offices intéressés. Ici, la gouvernance n'a rien de cohérent et harmonieux ; il s'agit plutôt d'une combinaison mouvante de multilatéralisme, de bilatéralisme et même d'unilatéralisme.

• *Dans le domaine commercial,* la gouvernance se matérialise dans un régime authentiquement égalitaire et multilatéral : l'Organisation mondiale du commerce (OMC), avec son Organe de règlement des différends (ORD). Pourquoi ce qui est impossible en matière nucléaire est-il possible en matière commerciale ? Pourquoi les inégalités de fait, incontournables là, sont-elles contournables ici ? Chaque État a ses raisons. Le colosse américain sait que, s'il refuse toute discipline commerciale, tous les autres l'imiteront et que les multinationales américaines seront les premières à souffrir de cette anarchie. La Chine, rejoignant l'OMC, s'impose un carcan qui doit stimuler sa modernisation et renforcer la confiance des investisseurs étrangers. La Russie, frappant à la porte de l'OMC, veut être reconnue comme un pays « normal », avec lequel l'on peut commercer en toute tranquillité.

3. **Les biens publics.** – La gouvernance globale se préoccupe d'identifier tous les éléments indispensables à la survie de l'espèce humaine. Sans eux, l'homme est voué à disparaître. La liste est très longue et peut-être infinie. Elle comprend des ingrédients matériels (air, eau, sols...) mais aussi inclut tout ce qui fait la spécificité de l'homme par rapport aux êtres vivants : monuments, œuvres de toutes sortes... D'où la notion de bien public planétaire.

Cette problématique prend forme à partir des années 1970. Le développement industriel suscite plusieurs débats toujours actuels : Y a-t-il surexploitation des ressources naturelles et donc nécessité de protéger certaines d'entre elles (par exemple, océans) ? L'accroissement des pollutions dégradant les paysages ou les constructions humaines, ne faut-il pas conférer à ces derniers un statut organisant leur préservation (notions de patrimoine universel, de patrimoine commun de l'humanité) ?

Pour les économistes, un bien public, défini par opposition à un bien privé, combine deux qualités : indivisibilité – ou non-rivalité – des bénéfices ; impossibilité d'exclure quiconque de sa consommation. Ainsi les biens publics mondiaux sont-ils ces biens pouvant être consommés simultanément par l'ensemble de la population mondiale. Ces biens sont innombrables, de la paix à la préservation d'une atmosphère saine, de l'élimination des maladies infectieuses à l'organisation des échanges... Tout de suite surgissent de multiples questions : identification de ces biens publics ; promotion de leur meilleure gestion possible ; répartition équitable des charges et des bénéfices... Par exemple, les ressources halieutiques mondiales peuvent être érigées en bien public. Comment empêcher leur pillage ? Mettre un dispositif mondial de police ? Qui financera ce dispositif ? les pêcheurs ? les États ? les consommateurs de poissons ? selon quelles clés ?

La problématique des biens publics mondiaux est balbutiante. À l'extrême, tout ou presque peut être un bien public. D'un point de vue philosophique, la vie, le bon développement d'un enfant sont-ils moins précieux que le sauvetage des pyramides ? Un travail énorme commence : clarification du concept de bien public mondial ; classification des différents biens ; fixation de priorités ; mise sur pied de conventions internationales organisant la gestion et la surveillance de ces biens...

L'idée de bien public mondial est l'une des illustrations de la formation d'un espace public planétaire. D'un côté, la Terre, l'humanité, leur avenir doivent être pensés comme des totalités concrètes et complexes. De l'autre côté, la préservation et l'épanouissement de toutes les diversités doivent être assurés. D'où cette quête d'outils permettant de concilier de manière dynamique ces préoccupations. La notion de bien public mondial doit contribuer à amener les hommes à mieux évaluer le prix de chaque activité et ainsi à faire des choix plus rationnels.

4. **Logique de puissance, logique démocratique.** – Ces régimes internationaux ne sont crédibles que s'ils sont couronnés par des surveillances rigoureuses. Sur le papier, deux formules sont possibles, ce qui n'interdit en rien de les combiner dans la pratique :

• *La surveillance par une institution indépendante et impartiale.* La gouvernance démocratique, exigeant l'égalité des parties prenantes (États), appelle, au-dessus d'elles, un organe de police incontestable, chargé d'intervenir en cas de conflit ou d'infraction.

• *La surveillance par des puissances.* Le monde actuel demeure composé d'États souverains, qui, en dépit du projet d'armée onusienne, gardent le contrôle de la force militaire. De ce point de vue, la surveillance revient aux plus forts, aux puissances, seules capables de faire la guerre, si tel ou tel État viole l'ordre établi.

Les systèmes de surveillance de régimes internationaux sont très divers. Pour être légitimes et efficaces, ils doivent associer, selon des dosages variables, les deux modes. La composante institutionnelle (Agence internationale de l'énergie atomique – AIEA –, ORD de l'OMC) assure que les États ayant accepté le système sont à égalité devant lui, les contrôles étant les mêmes pour tous. En même temps, il faut toujours prévoir le pire : un ou des acteurs (États mais aussi organisations, individus) violant gravement, systématiquement la loi internationale et clairement résolus à ne pas se soumettre. Dans cette hypothèse extrême, imposant le recours à la force armée, l'intervention de la puissance – en clair, d'États possédant des capacités militaires importantes – est inévitable, l'ONU n'ayant jamais été dotée de tels moyens. N'est-ce pas ce que confirme la guerre d'Irak en 2003 ? Aussi longtemps que les États conservent prudemment ou jalousement des armées nationales, il faut bien se tourner vers eux pour faire la police.

IV. – Les constructions européennes

Il y a bien deux grandes constructions européennes : l'Europe des droits de l'homme, avec la Convention européenne de sauvegarde des droits de l'homme et des libertés fondamentales ; les Communautés européennes, encadrées, depuis 1993, par l'Union européenne. L'une et l'autre illustrent la gouvernance politique et ses équivoques.

1. **Des laboratoires de la gouvernance.** – Les constructions européennes réunissent les six composantes de la gouvernance :

– *L'identification d'intérêts communs supérieurs.* Au lendemain des deux guerres mondiales, les Européens de l'Ouest, voulant sortir des cauchemars du siècle, reconnaissent qu'ils ont des intérêts communs supérieurs à toutes leurs rivalités : promotion et préservation de la paix, multiplication des échanges, croissance économique, solidarité et justice sociales.

– *Des pactes fondateurs.* Ce sont les innombrables traités qui, depuis la fin des années 1940, structurent de plus en plus d'abord l'Europe occidentale, puis, depuis l'effondrement du bloc soviétique, l'ensemble du Vieux Continent. Ces traités produisent une quasi-constitution, les États impliqués se liant par un tissu d'obligations égales et réciproques.

– *Des règles du jeu visant à organiser le libre épanouissement.* Les deux piliers de cette gouvernance européenne sont : les droits de l'homme ; la libre circulation des biens, des services, des capitaux et des personnes. Tout est fait pour stimuler les dynamiques privées : créativité individuelle, développement des entreprises...

– *Des mécanismes indépendants de contrôle.* Ces jeux économiques doivent être civilisés, donc surveillés par des instances indépendantes, vérifiant que personne ne triche. La Cour européenne des droits de l'homme (CEDH) assure qu'au-dessus des régimes nationaux de protection des droits de l'homme existe un garant supérieur, cette Cour européenne. De même, au sein de l'Union européenne, la Commission européenne est la gardienne de l'égalité des conditions de concurrence : contrôle des fusions et des acquisitions ; autorisation ou interdiction des aides publiques...

– *Des possibilités multiples de recours.* La gouvernance promet la protection des droits de chacun, avec, en dernier ressort, la faculté de pouvoir faire un recours contre toute décision ressentie comme illégale et arbitraire. D'où la position prééminente des deux juridictions européennes : la CEDH à Strasbourg ; la Cour de justice de la Communauté européenne (CJCE) à Luxembourg.

– *Une désidéologisation du politique.* Cette formule pédante rappelle simplement la dimension utopique de la construction européenne : l'espace économique (le marché unique) doit être régi par des normes exclusivement « techniques », garantissant le libre et égal épanouissement des acteurs (notamment entreprises).

L'Europe, initialement occidentale, puis, depuis la chute du rideau de fer (1989), dans son ensemble, peut se définir comme un laboratoire de gouvernance, ayant réussi non à abolir, mais à méthodiquement discipliner les rapports de force par des règles d'égalité. Ainsi que le souligne la fameuse image de la bicyclette qui ne doit pas cesser d'avancer pour ne pas tomber, la gouvernance européenne se doit d'être dynamique, périodiquement relancée par de nouveaux projets : marché commun, puis marché unique ; union économique et monétaire ; union politique...

2. **La gouvernance rattrapée par la géopolitique.** – La gouvernance peut être définie comme un effort de dépassement ou d'abolition de la géopolitique. Le

monde de la géopolitique s'organise autour de la guerre, des luttes pour les territoires, des jeux à somme nulle : la richesse se fait par le pillage, la puissance par la conquête. Dans l'univers de la gouvernance, le jeu est à somme positive : chacun gagne grâce à la croissance économique et à ses surplus. En outre, tout se discute, se négocie, produit des compromis.

Expérience type de gouvernance, la construction européenne se veut au-delà de la géopolitique : les conflits de frontières appartiennent au passé. Les États participants à cette construction sont des partenaires égaux. La mission du politique est le déploiement des activités privées.

La géopolitique ne disparaît pas si aisément. La douce gouvernance, si elle régit les mécanismes institutionnels de l'Union, s'inscrit dans des réalités plus rudes.

– *La gouvernance européenne n'a été possible que parce qu'au-dessus d'elle un protecteur, les États-Unis, a garanti avec fermeté la tranquillité du jeu.* Les États-Unis non seulement ont organisé la sécurité de l'Europe occidentale contre la menace soviétique (en 1949, Alliance atlantique) mais encore ont veillé à ce que le perturbateur des années 1871-1945, l'Allemagne, soit reconstruit sous la forme d'un État démocratique et pacifique. Il n'y aurait jamais eu de gouvernance européenne si les États ouest-européens, tant prompts à se faire la guerre, n'avaient été soumis à une tutelle sévère mais finalement bienveillante. « Comment faire pour que les nations accèdent à la paix perpétuelle sans détruire la liberté humaine [un gouvernement supranational garantissant cette paix pouvant se révéler porteur du plus affreux des despotismes] ? Ce problème, Kant ne voyait pas comment le résoudre. Mais, dans le cas de l'Europe, les États-Unis ont apporté la solution : à partir du moment où elle tire sa sécurité de l'extérieur, son gouvernement supranational n'a pas la tâche de la lui procurer » (Robert Kagan, Puissance et faiblesse, *Commentaire,* n° 99, automne 2002, p. 532). La gouvernance soit exige que le problème de la guerre et de la paix soit résolu *ailleurs,* soit doit accoucher d'une paix kantienne, selon laquelle tous les États de la planète s'engagent de manière irréversible à ne plus s'agresser les uns les autres.

– *L'Europe pacifiée n'est qu'une île de gouvernance dans un monde toujours régi par la guerre.* Cette Europe, si elle veut préserver son aire de gouvernance, ne doit-elle pas être prête à se battre dans ce but ? La gouvernance est une construction précaire, au sein de laquelle les hommes se comportent en joueurs raisonnables. La gouvernance civilise plus ou moins les passions humaines (avidité, ambition...), elle ne les supprime pas. Un espace de gouvernance ressemble à une serre, où la nature se développe dans l'équilibre et l'harmonie. Tout autour de la serre, la jungle est toujours là. Tel est l'un des défis de l'Union européenne : si elle tient à maintenir sa gouvernance, ne doit-elle pas montrer à l'extérieur qu'elle est déterminée à la défendre âprement ?

Chapitre V

LES POINTS D'INTERROGATION DE LA GOUVERNANCE

La gouvernance implique un univers où tout se débat, se négocie et donne lieu à des compromis rationnels et raisonnables. Or le vieux monde, celui des rapports de force, des luttes de pouvoir, est toujours là. Tout d'abord, il y a les exclus du jeu ; alors quels mécanismes de solidarité envers eux, afin qu'un jour ils ne regardent plus la gouvernance comme une affaire de riches mais comme leur terrain de jeu à eux aussi ? Par ailleurs, la gouvernance se veut multiculturelle, mais la multiculturalité n'appelle-t-elle pas une fragmentation sans fin des cultures, chacune s'érigeant en forteresse intolérante et dérisoire ? La transparence fait, elle aussi, partie des corollaires de la gouvernance ; or cet idéal de transparence n'est-il pas un nouveau tonneau des Danaïdes, quête impossible de la perfection – la Transparence ? Il reste pour très longtemps encore des conflits irréductibles, des luttes avec un vainqueur et un vaincu. De même, la question du gendarme est elle aussi toujours là. Quelle limite mettre aux passions humaines sans détruire tout ce qu'elles ont de créateur ?

I. – Les exclus du jeu

1. **L'exclusion.** – La gouvernance, définissant tout système de rapports sociaux comme un jeu, ne fonctionne qu'avec des acteurs s'identifiant comme joueurs. Or l'on ne joue qu'à deux conditions complémentaires : être certain que les règles et leur mise en œuvre sont justes ; avoir des chances de gagner.

La modernité industrielle et démocratique est sous-tendue par une dynamique d'inclusion. Depuis les révolutions de la fin du XVIIIe siècle, l'humanité, traditionnellement limitée aux mâles adultes, occidentaux et bourgeois, s'est ouverte aux non-Occidentaux, aux femmes, aux enfants. Le capitalisme sait bien que, pour survivre, il doit attirer l'humanité entière dans le paradis de la consommation. Cette dynamique d'inclusion est aussi une dynamique d'exclusion. Autrefois l'on était pauvre, malheureux parce que le Destin ou Dieu en avait décidé ainsi. Aujourd'hui la misère résulte de facteurs « objectifs », éducatifs, familiaux, biologiques... Le « système » ou la société, s'assignant le but très ambitieux de faire accéder tous les hommes à la prospérité et au bonheur, se retrouve responsable des échecs, des ratages, des exclusions.

Tous (individus, peuples, États) sont inclus, pris d'une manière ou d'une autre dans les flux et les réseaux.

Le marginal, le chômeur, le nomade constituent des exclus types. Exclus, ils ont été inclus, ils ont eu une profession, une position. La modernité rationaliste, scientifique, volontariste veut que la fatalité, cette notion couvrant l'insurmontable de la condition humaine : l'espace, le temps, la mort, l'inégalité des dons, soit éliminée ou, du moins, refoulée vers ces zones obscures dont on ne parle pas. L'on est exclu pour des raisons économiques, sociales, politiques. Par conséquent, l'on doit et peut être « ré-inclus ». Cette « ré-inclusion » a un prix : l'adaptation au « système ». La gouvernance suppose une capacité illimitée d'inclusion, digérant tous les grumeaux, toutes les spécificités, tout en les respectant scrupuleusement. Politiquement correct oblige !

De même, l'Afrique est perçue comme le continent en marge, contourné et délaissé... Pourtant elle est bien dans la mondialisation, certainement mal insérée mais insérée tout de même. La médecine occidentale a irrémédiablement transformé les équilibres démographiques. Les villages les plus reculés ont la radio et la télévision. Le téléphone portable, Internet brisent les cloisonnements de l'Afrique. Le Sida, tragédie d'abord africaine, se mondialise par les flux de personnes.

Les conflits ethniques, présentés parfois comme africains, n'ont rien de typiquement africain. Les déracinements de la modernité disloquent les communautés établies. Des groupes d'individus, arrachés à un monde dit traditionnel, s'accrochent à tout ce qui surnage dans le déferlement bourbeux de la mondialisation. L'ethnie, bricolée dans le sillage de l'idée nationale, est, pour ceux qui se reconnaissent en elle, comme une planche de salut. L'ethnie doit recréer la tribu originelle, celle qui n'a jamais existé, mais qui représente l'âge d'or. Tout serait peut-être simple si les ethnies étaient en nombre fini et si chacune d'elles disposait d'une terre attribuée de toute éternité. Il n'en est rien. Les ethnies se créent aussi facilement que les nations. Quant aux terres, elles sont revendiquées par plusieurs ethnies. Les conflits ethniques ne sont que la version contemporaine des luttes sans fin pour des ressources perçues comme limitées.

L'Afrique est exclue justement parce que les innombrables connexions de la mondialisation la touchent mais l'ancrent mal.

Les exclus ne sont pas les malheureux d'autrefois, subissant la Fatalité. Pour eux, le paradis n'est pas une abstraction lointaine, pour toujours inaccessible. Au contraire, ce paradis – en clair, la société d'abondance – est ici, tout près. Il suffit en principe de passer, clandestinement ou officiellement, une frontière pour entrer dans la caverne d'Ali Baba. Pour les exclus, c'est le supplice de Tantale : la richesse se trouve à portée de main, barricadée, surveillée, intouchable.

En outre, la diffusion planétaire des droits de l'homme reconnaît à chacun le droit au bonheur. Le premier droit ne serait-il pas celui de s'installer là où l'on a le sentiment de pouvoir épanouir pleinement ses talents (comme l'ont fait d'une certaine manière, à partir du XVIe siècle, tous ceux qui ont émigré en Amérique afin de vivre librement leur foi) ?

2. **La solidarité. Quelle solidarité ?** – L'un des défis majeurs pour la gouvernance politique, qu'il s'agisse de l'État ou de la Terre entière, est celui de la solida-

rité. La viabilité de la gouvernance repose sur la satisfaction relative des protagonistes.

Une difficulté paraît centrale. Il est impossible d'abandonner les exclus, mais comment en faire des joueurs ayant la volonté et la capacité de participer à la gouvernance, alors qu'à leurs yeux ce n'est qu'une nouvelle mystification pour confirmer la pouvoir des puissants ? Une voie incertaine se dessine : combiner aide et responsabilisation. En ce début de XXIe siècle, l'effondrement de l'Argentine éclaire cette problématique de la gouvernance mondiale. En 1992, le gouvernement argentin, afin d'éradiquer l'hyperinflation, mal endémique du pays, institue une nouvelle monnaie, le peso. Celui-ci est doté de la même valeur que le dollar ; tout détenteur de pesos peut à tout moment les convertir en dollars. Pour l'Argentine, habituée au laxisme monétaire, la contrainte est sévère : l'Argentine est un pays semi-développé, qui n'est en aucun domaine à égalité avec les États-Unis ; les détenteurs de pesos peuvent s'en débarrasser brutalement, disposant ainsi d'une pression terrible sur les autorités argentines. L'acrobatie dure à peu près dix ans. En 2002, la catastrophe est massive : du fait, notamment, de l'énormité de la dette argentine, le peso dégringole, l'Argentine plonge dans le chaos. Le Fonds monétaire international (FMI), porte-parole de la communauté financière et politique, renâcle à venir au secours de l'Argentine. Celle-ci n'a-t-elle pas été très soutenue tout au long des années 1990 ? L'Argentine se déclare abandonnée et trahie. L'extérieur – investisseurs, banquiers, États créanciers... –, lui, se sent roulé : l'Argentine a pris un engagement qu'elle était manifestement incapable de respecter ; il lui reste à solder les comptes. Que faire ? Laisser l'Argentine souffrir, en considérant que son malheur la conduira à être plus raisonnable et à finalement se rallier aux conditions du FMI ? Ce dernier se montre accommodant. Mais l'Argentine, sous la présidence péroniste de gauche de Nestor Kirchner, élu en mai 2003, se soustrait, grâce à un fort rebond économique, à la tutelle du FMI. L'indépendance, d'abord ! Cette émancipation, l'Argentine la paie quand même en s'endettant auprès des marchés. Alors l'Argentine est-elle vraiment plus libre ?

Le cas argentin montre le double visage de la gouvernance globale. Celle-ci est douce aussi longtemps que les joueurs sont raisonnables et qu'il n'y a pas de perturbation grave. Si le navire de la gouvernance tangue lourdement, la tempête se déchaînant, des membres de l'équipage (États participants) manquant de discipline, alors reviennent les vieux impératifs : un commandant, des règles incontournables et des sanctions.

II. – La multiculturalité

La multiculturalité est bien l'un des enjeux de la gouvernance. Cette dernière peut être définie comme une dynamique paisible d'épanouissement des différences, toutes s'enrichissant mutuellement. Chaque identité est non seulement respectée mais encore perçue comme une richesse, l'unité se modelant non par la force mais par le consentement.

1. **La multiculturalité, produit d'un monde d'abondance.** – Comme la gouvernance, la multiculturalité est un idéal de société riche. La capacité à créer de la richesse, l'abondance n'exigent plus ou ne semblent plus exiger les vieilles disciplines. La famine, les épidémies spectaculaires, la guerre cessent d'être des obsessions quotidiennes. Il ne s'agit plus de survivre mais de tenter de jouir le mieux possible de toutes sortes de biens (l'objet symbole étant l'automobile) et de services (par exemple, le tourisme, activité fondamentale d'aujourd'hui). Le devoir d'homogénéité culturelle, d'unité nationale, requis par la peur et la haine de l'ennemi, laisse la place à une logique de diversité, de flexibilité, de renouvellement permanent qu'appelle la compétition économique.

La gouvernance imagine une multiculturalité souple. Chaque culture, tout en s'affirmant, accepte et reconnaît les autres. Les cultures, par leur dialogue, se nourrissent les unes les autres. Ces échanges pacifiques, ce métissage généralisé et permanent réclament un certain type de culture. Il faut des cultures suffisamment sûres d'elles-mêmes pour ne pas redouter l'influence des autres. Ces cultures doivent s'éprouver comme égales, aucune ne craignant d'être dominée.

Mais que dit l'Histoire en matière de tolérance culturelle ?

– *Rome,* à son apogée, incarne l'ouverture culturelle ; la ville impériale est le lieu de tous les cultes.

Rome gouverne alors sinon le monde, du moins l'ensemble du Bassin méditerranéen. Sa force politico-militaire est tellement incontestable que la diversité religieuse, culturelle s'impose presque naturellement comme une souplesse nécessaire. Puis Rome, inquiète des invasions barbares, doit un jour choisir une foi. Au début du IVe siècle, avec Constantin, Rome se convertit au christianisme mais alors ne tolère plus qu'une religion !

– *L'Empire ottoman* est souvent présenté comme un modèle de tolérance culturelle, musulmans, chrétiens de toutes obédiences, juifs y coexistant paisiblement. Or cette coexistence est hiérarchisée, avec une religion protectrice (islam) et des religions protégées. De plus, l'ère des conquêtes terminée, l'Empire s'installe dans un immobilisme tyrannique. Chacun est en principe tranquille dès lors qu'il obéit. Mais nul n'est à l'abri des foudres du Sultan, qui, s'il est à court d'argent, n'hésite pas à frapper ses protégés pour les faire payer.

– À partir du XVIe siècle, *l'Occident colonisateur* anéantit d'innombrables cultures. En même temps, ses prêtres, ses ethnologues, ses linguistes font un admirable travail de collecte, de classification des cultures « exotiques ». Ici, la compréhension, la tolérance se développent pour sauver ce qui est de toute manière perdu, le déferlement de l'occidentalisation faisant brutalement vieillir ces civilisations « primitives ». Que peuvent des traditions même millénaires face à la science et à la technique occidentales ?

Ces trois exemples rappellent que, dans tout univers humain, se développe un jeu instable entre unité et diversité. L'unité accepte d'autant mieux la diversité qu'elle est sûre de sa prééminence. Un empire triomphant s'accommode de la multiplicité des cultures et même la recherche, cette multiplicité rendant plus douce et légitime l'hégémonie impériale. À l'inverse, la diversité peut-elle ne pas se décomposer si elle n'est pas sous-tendue par une forme d'unité ? Tout empire déclinant est avide d'homogénéité culturelle, sa cohésion politique se défaisant. La gouvernance, elle aussi, ne cesse d'être tiraillée entre unité et diversité. Comment développer un système multipolaire de pouvoirs, s'il n'y a pas quelque part un ciment unificateur ? Sans un tel ciment, la diversité n'est-elle pas vouée au désordre ?

2. **Les équivoques de la multiculturalité.** – La multiculturalité se présente comme un modèle de tolérance : à chacun sa culture, toutes les cultures étant reconnues comme égales. Le projet est magnifique. Mais il y a toujours, chez l'homme, un mécanisme qui fait dérailler toute harmonie décrétée éternelle. Une culture peut se contenter d'être elle-même, si elle se croit seule au monde (ainsi les tribus encore isolées des tumultes de la planète). En contact avec les autres, et donc en conflit ou en concurrence, une culture veut être un peu plus : être la meilleure, la première. Que de cultures rêvant ou convaincues d'être la Culture ! Ces cultures se réifient ou se chosifient : produites par des hommes et leur histoire, pleines d'imperfections et d'affrontements, elles veulent être parfaites. Les cultures, en se développant,

sécrètent autour d'elles toutes sortes de fanatiques, maniaques, dévots, purificateurs, qui se mobilisent pour en faire des objets cohérents et hors du temps. Ces cultures, initialement ouvertes et fluides, se ferment et se momifient. Les voici choses.

La multiculturalité peut se matérialiser tout aussi bien en une interaction vivante et permanente entre de multiples cultures qu'en une coexistence hostile entre des cultures-forteresses, pétrifiées dans leur identité et la certitude de chacune d'être la vraie culture. Dans cette perspective, la gouvernance se veut tolérance, mais elle peut fort bien accoucher du contraire.

C'est ce qu'illustre la politique des quotas *(affirmative action)*. Cette politique, initiée aux États-Unis dans les années 1960, vise à assurer l'égalité des chances entre des communautés aux situations économiques très inégales (Blancs, Noirs, Indiens...). Pour atteindre cet objectif, des quotas sont institués, distribuant à l'avance un certain nombre de postes (administratifs, universitaires...) à telle ou telle communauté. Les communautés se multiplient. Chacune revendique sa part du gâteau social, la multiculturalité s'épanouit dans le respect de l'égalité. Mais les effets pervers se multiplient avec le temps. Des communautés se cristallisent (Asiatiques, Latinos, femmes...) pour revendiquer une part des quotas. Des individus n'ayant pas les mérites nécessaires sont promus, parce qu'il faut remplir le quota.

Les sociétés occidentales se fondent sur l'individu, seul le talent devant classer chacun, la compétition récompensant les meilleurs. La multiculturalité, elle, suggère un autre fondement : la communauté culturelle. Celle-ci, érigée en référence suprême, asservit l'individu, celui-ci n'étant alors reconnu qu'à travers sa communauté : Blanc, Noir, Indien, catholique, juif...

La gouvernance peut-elle être la gestion ouverte des identités culturelles, dans la stricte préservation des droits de l'individu ? Il n'y aura jamais de formule exemplaire. Tout homme a besoin de se distinguer, d'exister dans son irréductibilité. Souvent, il cherche à ce que cette irréductibilité lui confère une supériorité. En même temps, tout groupe tend à être tyrannique : s'il ne se clôt pas, il est sans frontières ; pour se clore, il doit tracer une limite forte entre l'intérieur et l'extérieur. Pour un individu, l'appartenance à un groupe doit être source d'avantages, mais le groupe, lui aussi, doit y trouver son compte, en marquant à ses membres qu'ils doivent lui rester loyaux. De même, pour survivre, une culture – qu'elle soit occidentale, féministe, homosexuelle... – doit promettre à ses membres des triomphes, des enthousiasmes, donc des victoires sur d'autres cultures. Peut-être un jour les rivalités entre cultures seront-elles traitées comme des compétitions sportives, des Intervilles planétaires...

Une multiculturalité sereine peut-elle être une coexistence entre des cultures immobiles ? Toute culture, pour survivre, peut soit se raidir et probablement s'enfermer dans une autosuffisance hargneuse, soit se métisser et donc prendre le risque d'une transformation radicale. Tout comme toute gouvernance, toute culture a besoin de fluidité, d'ingrédients qui la renouvellent et la sauvent de l'arthrose. Tant la multiculturalité que la gouvernance, pour ne pas se dégrader en des face-à-face hostiles, requièrent une interaction permanente des perspectives, entre deux dangers : momification, confusion. Si le système dans son ensemble est tiré par une unité dynamique, multiculturalité et gouvernance marchent de concert. Ainsi la construction européenne avance-t-elle, tout en associant assez bien les spécificités nationales... Si cette unité dynamique est absente, unité et diversité se heurtent nécessairement. Il y a alors pétrification puis décomposition. Des mondes (par exemple, bloc soviétique...), après s'être raidis dans une orthodoxie *a priori* invincible, peuvent s'effondrer d'un coup comme des châteaux de cartes...

III. – La transparence

1. **Transparence, modernité démocratique et pouvoir.** – Parmi les ambitions de la modernité occidentale, figure la transparence absolue et permanente. C'est le célèbre Panoptique de Jeremy Bentham, cette prison absolue soumettant les détenus à une surveillance totale et constante, les turpitudes venant du caché. À l'issue de la Première Guerre mondiale, le wilsonisme condamne la diplomatie secrète comme source de manœuvres inavouables. La gouvernance s'inscrit dans cette quête de transparence : si tout est public, les

mauvaises pensées, les manipulations seront neutralisées, dissoutes par la lumière de l'honnêteté.

La transparence constitue l'une des dimensions de la modernité démocratique. Dans un tel système, être informé, complètement et en principe objectivement, est un droit fondamental.

L'information est un enjeu. Savoir, c'est jouir d'un atout très précieux. S'il n'y a pas de pouvoir, même démocratique, sans opacité, toute information est vouée à échapper à son détenteur. Un secret, partagé par une poignée d'individus, se répand très vite. Dans une société où tout est fait pour que l'information circule le plus vite et le plus largement possible, son détenteur bénéficie d'un atout, mais cet atout dure au mieux quelques heures.

Ni le progrès technique (même s'il accélère et intensifie les mouvements de l'information), ni l'idée démocratique (selon laquelle le pouvoir appartient à tous) ne modifient la nature du pouvoir. Celui-ci est le bien rare par excellence : n'existant que dans l'esprit des hommes et dans leurs rapports, le pouvoir est rare parce que les hommes le veulent ainsi. Un pouvoir qui ne se disputerait plus, qui ne susciterait plus des luttes inexpiables existerait-il encore ? Or l'un des attributs du pouvoir est la manipulation de l'information. Ce qui est connu de tous est sans valeur.

2. **Le miroir sans tain de la transparence.** – La gouvernance se veut « dépolitisation » du pouvoir. Les enjeux « irrationnels » de pur pouvoir – comme le

contrôle de l'information – doivent disparaître, tout devenant transparent.

La transparence est l'une de ces innombrables illusions, qui sous-tendent la recherche de l'homme parfait. Dans cette perspective, le caché est un domaine précis, clairement identifiable et accessible. Le caché est l'un de ces résidus maléfiques dont l'homme doit se débarrasser. À l'issue de la Première Guerre mondiale, la diplomatie secrète se retrouve désignée comme la grande cause des conflits... Si l'homme ne peut plus dissimuler ou mentir, tout ira bien.

Or les sociétés contemporaines sont d'extraordinaires enchevêtrements, des accumulations plus ou moins ordonnées. Les multinationales sont des conglomérats protéiformes, imbriquant des structures de toutes sortes, déployées sur plusieurs continents. Chacune de ces structures est un nœud d'intérêts et de pouvoir, avec ses conflits internes. La rétention ou la diffusion de l'information résulte tout autant du hasard, de l'inertie, d'une initiative individuelle ou d'une stratégie mûrement élaborée. L'information est toujours une arme. Les énormes systèmes d'aujourd'hui la rendent plus ou moins contrôlable, ce qui peut susciter chez certains (par exemple, employés mécontents) la tentation de l'utiliser à des fins peu prévisibles (par exemple, vengeance).

Les scandales économiques et financiers révèlent une réalité faite de très nombreuses couches entremêlées. Dès que ces affaires éclatent, les réactions s'enchaînent. Des documents sont dissimulés ou détruits. Certains s'enferment dans le silence, d'autres font savoir haut et fort qu'ils ont des révélations décisives à faire, ces révélations n'étant souvent que des pétards mouillés. Toute information est bien un enjeu âprement disputé.

La transparence, comme le secret, appelle des manipulations. Toute information donne lieu à une présentation, à une fabrication. L'exigence de transparence constitue une demande légitime, mais elle ne peut être un remède miracle. Cette exigence s'inscrit dans un rapport de forces : ce que certains veulent dévoiler, d'autres ont intérêt à le maintenir dissimulé. Chaque effort de transparence déclenche des adaptations, des ajustements. C'est la course sans fin entre gendarmes et voleurs, entre tricheurs et honnêtes gens.

La gouvernance reconnaît à l'information un rôle central. Le pouvoir ne s'exerce plus par la force mais par le dialogue et la persuasion. La gouvernance exprime le déplacement de l'équilibre entre secret et publicité. Dans l'univers calfeutré du puritanisme et de la bourgeoisie, le secret (naissances illégitimes, origines des grandes fortunes...) est un trou noir, à la fois absolu, perpétuel et omniprésent ; c'est autour de son opacité que se bâtit la vie sociale. Or l'information et la publicité bousculent à coups de boutoir ces zones de secret ; elles grignotent ou même dévorent ces espaces et les amènent en couverture des magazines. La transparence complète existerait enfin ! Peut-être, mais la voici d'emblée corrompue et corruptrice. Il s'agit de révéler la vérité mais surtout de raconter des histoires : enfants abandonnés retrouvant leurs parents ; romances se terminant devant les tribunaux...

IV. – Les conflits irréductibles

Se débarrasser du politique, tel est l'un des rêves de l'Occident. Déjà Platon, avec sa république des philosophes, conçoit une cité parfaite, débarrassée des miasmes des débats publics, et guidée par le savoir absolu de la Pensée. La fin de l'Histoire, imaginée tant par Friedrich Hegel que par Auguste Comte, Karl Marx et Francis Fukuyama, ce serait cela également : une humanité libérée de ses passions et de ses violences, ne se consacrant qu'aux « vrais » problèmes, ceux de la gestion et de la répartition optimales des ressources. La gouvernance s'inscrit dans cette perspective d'un monde rationnel et raisonnable.

La première condition pour que ce monde soit possible est un jeu à somme positive : non seulement tous gagnent toujours quelque chose mais encore chacun doit et peut être tour à tour gagnant et perdant.

Qu'est-ce qui fait qu'un jeu est à somme nulle ou à somme positive ? Avec le développement économique, l'enrichissement, l'homme, par ses capacités, crée un jeu social positif, cette positivité étant mesurée, vérifiée par des chiffres : allongement de la durée moyenne de la vie ; recul de l'analphabétisme ; augmentation du nombre des diplômés...

Mais n'y a-t-il pas des biens « objectivement » limités ? Si tel territoire relève de tel État, il n'appartient pas aux autres États. Le jeu territorial est donc à somme nulle : si l'Alsace est française, elle ne peut pas être allemande ; si la Cisjordanie est palestinienne, elle ne peut pas être israélienne. *Ce qui décide du caractère limité ou illimité de tel ou tel élément, ce sont en définitive les hommes seuls.* Le partage des territoires, la soumission de chacun d'eux à l'autorité exclusive d'un État résultent bien des hommes. Ceux-ci, à la suite d'une histoire très longue et toujours en cours, se sont ralliés à cette distribution des espaces terrestres entre des États, souverains exclusifs à l'intérieur de leurs frontières. Cette conception est appelée à évoluer, elle évolue déjà. Ce qui est limité pour l'un (peut-être est-il avare) est illimité pour l'autre (peut-être est-il généreux ou inconscient). Ce qui est fini sous un angle est infini sous un autre : les mêmes territoires, tout en restant partagés, peuvent être mis en commun pour le plein épanouissement des activités économiques (instauration de marchés communs, de zones de libre-échange). L'exigence du partage peut être aisément dépassée par des mécanismes d'administration commune, si les parties prenantes le désirent.

Si le limité et l'illimité sont fixés par les hommes, ceux-ci sont-ils disposés à tout gérer en commun, à tout négocier, à renoncer au vieux réflexe « c'est à moi, ce n'est pas à toi » ? L'enrichissement généralisé suffit-il pour abolir le désir d'appropriation exclusive et les conflits inévitables qui en résultent ? Ce qui n'est pas rare, ce qui n'est pas disputé a-t-il de la valeur ? Pour Marx, la société parfaite, la société communiste, satisferait tous les besoins. Mais l'homme communiste ne se retrouverait-il pas avec les plus terribles des frustrations : non seulement n'avoir rien en propre, mais encore ne pas pouvoir priver les autres ?

Lorsque des intérêts fondamentaux, lorsque des principes inconciliables se heurtent, le compromis, la négociation, la gouvernance sont impuissants. Il faut trancher, comme l'indiquent deux types de conflits irréductibles, caractéristiques d'aujourd'hui.

1. **Intégrité territoriale, droit des peuples à disposer d'eux-mêmes.** – La gouvernance implique un pacte. Ainsi, parmi les règles majeures de la gouvernance internationale, figure le respect de l'intégrité territoriale des États. Or l'un des défis les plus durs auxquels sont aujourd'hui confrontés les États vient de la multiplication des revendications dites identitaires : Basques, Écossais, Corses, Québécois... Ces revendications peuvent aller jusqu'à la demande de sécession et, par conséquent, mettre en cause l'intégrité territoriale d'États, au nom d'un principe démocratique : le droit des peuples à disposer d'eux-mêmes. Dans une logique de gouvernance, les protagonistes (l'État concerné, les représentants des mouvements identitaires) s'assoient autour d'une table, discutent *raisonnablement* et négocient des solutions *raisonnables,* soucieuses des préoccupations de chacun. Les formules extrêmes (maintien d'un État centralisé, éclatement de l'État) sont exclues pour dégager un dispositif *raisonnable* : autonomie tenant compte à la fois des aspirations identitaires (gestion locale des ressources naturelles, enseignement de la langue locale) et des droits de l'État. Voilà de la bonne gouvernance ! Mais que, des deux côtés, ou de l'un des côtés, l'emporte la rigidité, que faire ? Un État, sa population ne sauraient se résigner aisément à

une amputation du territoire. Quant aux mouvements identitaires, ils contiennent toujours un courant intégriste, qui n'est satisfait que par l'extrême (ici, avoir son État pour soi tout seul).

L'exigence du partage des territoires, dans une logique absolue de « chacun chez soi », peut être sinon dépassée, du moins maîtrisée par des mécanismes d'administration commune (par exemple, marchés communs, espaces de libre circulation). Ce qui demeure (malheureusement ? heureusement ?) indépassable pour le moment, c'est le besoin d'ancrages identitaires : être sûr de ce que l'on a pour être sûr de ce que l'on est. L'avoir et l'être sont liés : un État, c'est un territoire plus beaucoup d'autres éléments ; une entreprise, c'est une marque plus bien d'autres ingrédients... Avoir quelque chose à soi, c'est être déjà ce quelque chose. La gouvernance ne saurait évacuer ce lien.

2. **Ordres établis, revendications révolutionnaires.** L'une des ambitions de la gouvernance est l'élimination ou, du moins, le domptage quasi parfait de la violence. Toute demande est légitime, mais elle doit toujours s'exprimer par des voies pacifiques : dialogue, négociation, mise au point de compromis. Or une démarche révolutionnaire ne peut se soumettre à ce schéma. Le révolutionnaire veut un bouleversement total. Dans cette perspective, il n'est pas suffisant que le but (instauration d'une nouvelle société, radicalement différente de l'ancienne) soit révolutionnaire, il est également indispensable que le cheminement pour

accomplir cette rupture soit révolutionnaire (tout d'abord, mobilisation de moyens extrêmes). Aux yeux de tout révolutionnaire, *sa* révolution n'a de sens et de portée que si elle accouche d'un homme totalement nouveau. Cet accouchement ne s'opère que si, avant la révolution, cet homme nouveau commence de prendre forme justement par l'expérience de la radicalité (lutte clandestine, guérilla, terrorisme...). Pour la gouvernance, toute revendication est respectable si elle manifeste de manière raisonnable. Mais la révolution n'est pas raisonnable, elle ne veut l'être d'aucune façon, ni dans ses objectifs, ni dans ses méthodes. Robespierre, Lénine, Hitler, Oussama Ben Laden ne veulent pas être raisonnables ; l'être, c'est trahir la révolution, la faire sombrer dans la médiocrité petite-bourgeoise.

La gouvernance n'est pas faite pour changer la vie mais pour la gérer. Elle requiert bien un monde satisfait, aux problèmes limités. Face à une crise profonde, comme celle des années 1930, les solutions de la gouvernance ne seraient-elles pas dérisoires ? Pour qu'il y ait dialogue, négociation, marchandage, il faut quelque chose à partager, un surplus qui, au moment où il se crée, donne lieu à discussion. Dans un monde où, au contraire, la richesse se contracte, chacun se bat pour retenir ce qui est en train de fuir. C'est la foire d'empoigne. Le fort ne se soucie plus de masquer sa force. Le faible n'est plus un peu protégé par la mauvaise conscience du riche.

V. – L'incontournable question du gendarme

Un ordre social sans gendarme est-il possible ? La gouvernance, dans le sillage de beaucoup d'utopies, propose un ordre autorégulé, parfois corrigé par des autorités techniques, des régulateurs doux. Le gendarme doit être plus, il doit être celui qui a la volonté et la capacité de recourir à la force, dans le cas où la règle est violée.

Dans la logique de la gouvernance, s'il faut se résigner à établir un gendarme, celui-ci doit être une structure institutionnelle, définie par le pacte fondateur, et organisée démocratiquement (élection et contrôle de ce gendarme).

1. **Au sein de l'État.** – À l'intérieur de l'État, le gendarme, c'est l'État lui-même. La gouvernance d'entreprise, emportée par des difficultés majeures (scandales en série, comme ceux frappant le capitalisme américain), déclenche finalement l'action de l'État... Celui-ci, par ses moyens législatifs, juridictionnels et policiers, est le garant ultime de l'ordre social. Seul l'État, dans ses frontières, pose des règles générales, s'imposant à tous. Si ces règles sont violées, c'est à lui qu'il appartient de sanctionner.

Quelque part, de manière apparemment paradoxale, la philosophie gestionnaire de la gouvernance rejoint l'anarchisme. L'une et l'autre sont autogestionnaires. La société doit se libérer des dispositifs autoritaires et du plus perfectionné d'entre eux, l'État, et se réguler par elle-même, les centres de production, de distribution et de consommation s'équilibrant les uns les autres. Le communisme marxiste a, lui aussi, cet horizon.

L'État n'est ni aimé, ni aimable. Pourquoi le serait-il ? Il incarne une prédisposition exclusivement humaine, l'externalisation de la force. Celle-ci, au lieu d'être diffuse et omniprésente (comme dans la jungle), se concentre dans une machine tout autant infernale qu'indispensable : l'État.

L'État, lui aussi, est pris dans la logique de gouvernance. Il s'adoucit, se veut plus transparent, se décentralise, se juridicise, se contractualise. L'État, à son tour, doit convaincre et séduire. Le plus achevé des États ne serait-il pas aujourd'hui celui qui n'a plus besoin d'être un gendarme, tous ceux relevant de lui (individus et entités collectives) ayant si profondément intériorisé les règles sociales qu'aucun système de sanctions n'est nécessaire ? L'on peut rêver !

L'État demeure la machine politique par excellence. En politique, il n'y a aucune nécessité objective. L'homme doit faire des calculs, des choix, donc accepter des contradictions, des incompatibilités et des erreurs. Selon la bonne gouvernance, il n'y a, semble-t-il, qu'un bon État, celui qui, tel un bon élève, se conforme naturellement aux normes établies. Mais le politique est un lieu de conflits entre des intérêts, entre des conceptions. Tout ne se concilie pas. Le refus de la mondialisation peut avoir un prix très lourd en termes de prospérité et de modernité économiques. Mais au nom de quel principe un peuple n'aurait-il pas le droit de rejeter cette mondialisation, si celle-ci lui paraît trop violente et destructrice ?

Le gendarme étatique n'est pas près de disparaître. Le marxisme voulait déjà éliminer l'État, dénoncé comme instrument au service des classes dominantes. Le résultat a été un monstre : l'État soviétique, système digérant la société et remplaçant le droit par une idéologie proliférante. À l'opposé, dans l'Occident des années 1970-1980, la poussée de la déréglementation a bien pour ambition ultime la disparition de l'État. Mais le jeu social est-il possible, si n'intervient pas à l'origine un pacte fondateur, fixant les règles, et prévoyant des procédures en cas de violation de ces règles ? L'État revient toujours ou, plutôt, se réinvente toujours. Dans l'univers de la mondialisation, de la multiplication des échanges, des trafics, des réseaux, l'État, par son emprise sur un territoire aux frontières internationalement reconnues, par son lien juridique et politique avec sa population, demeure le point de passage obligé entre le système international et ce territoire, cette population. Aussi longtemps que ne s'implantera pas un État planétaire, la gouvernance mondiale aura besoin de ces innombrables relais que sont les États, ceux-ci assumant une double mission : exprimer les intérêts, les soucis des populations, des territoires qu'ils représentent ; mettre en œuvre les normes internationales, une fois qu'elles se sont matérialisées dans des traités.

2. **À l'échelle internationale.** – À l'échelle internationale, la question du gendarme est loin d'être réglée. Pourtant l'Organisation des Nations Unies (ONU) est investie de la mission universelle du maintien de la

paix. Le Conseil de sécurité est bien le policier de la planète habilité à agir tant par pressions et recommandations (chap. VI) que par des moyens juridiquement contraignants et éventuellement militaires (chap. VII) ? Y a-t-il pour autant transfert des États souverains vers l'ONU du monopole de la force légitime (police interne plus défense externe) ? La gouvernance suppose que tous les protagonistes reconnaissent un arbitre supérieur, cet arbitre tranchant de l'essentiel et étant maître de la force. Alors les États membres de l'ONU ont-ils renoncé au droit suprême de faire ou de ne pas faire la guerre ? Ce n'est évidemment pas si simple. L'article 51 de la Charte – l'un des plus importants – est clair : « Aucune disposition de la présente charte ne porte atteinte au droit naturel de légitime défense, individuelle ou collective, dans le cas où un membre des Nations Unies est l'objet d'une agression armée, jusqu'à ce que le Conseil de sécurité ait pris les mesures nécessaires pour maintenir la paix et la sécurité internationales. » L'État reste cette entité à part, qui peut décider de la guerre. Dans son avis consultatif du 8 juillet 1996, sur la licéité de la menace ou de l'emploi d'armes nucléaires, la Cour internationale de justice (CIJ) rappelle, dans l'alinéa 96, « le droit fondamental qu'a tout État à la survie, et donc le droit qu'il a de recourir à la légitime défense, conformément à l'article 51 de la Charte, lorsque cette survie est en cause ».

Le monde a toujours un ou des gendarmes. Tant qu'il est une jungle, la régulation est assurée non par une autorité supérieure mais par la loi du plus fort.

Essentiellement depuis l'épanouissement des Lumières au XVIIIe siècle, les hommes et déjà les Occidentaux croient possible, dans le prolongement des contrats sociaux étatiques, la mise sur pied d'une société universelle. Le texte fondateur, dans le champ des idées, est le *Projet de paix perpétuelle* de Kant (1795). Mais peut-il y avoir une société sans Léviathan, sans ce gardien sévère rappelant constamment aux hommes que leur sécurité au sein de la société implique des disciplines strictes, dont la violation est sanctionnée ?

Pour le moment, la société internationale demeure très boiteuse. Elle dispose bien d'un *gendarme institutionnel planétaire,* le Conseil de sécurité. Celui-ci n'a de volonté que si au moins la majorité de ses quinze membres votent pour qu'il ait une volonté. En outre, cinq de ses quinze membres – les membres permanents : États-Unis, Russie, Chine, Royaume-Uni et France – peuvent chacun bloquer tout projet de résolution par leur droit de veto. Ce gendarme institutionnel est donc investi par les États, toute intervention requérant qu'un certain nombre (et notamment les cinq vainqueurs de la Seconde Guerre mondiale) tombe d'accord. La volonté du Conseil est d'autant plus légitime qu'elle rallie le plus grand nombre possible de votes, la formule idéale étant l'unanimité des membres. Ainsi, le lendemain même des attentats du 11 septembre 2001 détruisant les Twin Towers de New York, les États-Unis veillent-ils à recueillir un vote unanime du Conseil, autorisant le recours à la force armée (Résolution 1368 du 12 septembre 2001). De même, contre l'Irak de Saddam Hussein, les États-Unis recherchent l'accord du Conseil (Résolution 1441 du 8 novembre 2002) mais n'obtiennent pas une autorisation explicite de recours à la force armée.

La difficulté structurelle d'être de ce gendarme institutionnel appelle par conséquent des *gendarmes autoproclamés*. Dès qu'il y a bagarre, toute foule cherche instinctivement celui qui sera capable de séparer les batailleurs et ainsi de s'imposer comme le plus fort ; en même temps, si ce « plus fort » se fait malmener, cette même foule se ralliera à tout nouveau vainqueur. Telle est, depuis les deux guerres mondiales, la situation des États-Unis. Leur prééminence, leur visibilité suscitent d'innombrables demandes de protection, la plupart des États petits ou moyens ne pouvant survivre sans défenseur. Cette hégémonie du plus puissant cristallise sur lui frustrations, envies et haines, beaucoup étant prompts à l'ériger en exploiteur-manipulateur des problèmes de la planète. Les États-Unis sont un shérif planétaire de fait. D'autres, tout en n'étant pas mécontents que les coups se concentrent sur le plus gros, ont, eux aussi, des rêves de gendarme. La Russie n'oublie pas qu'elle a eu une aire impériale. La Chine fut l'empire du Milieu. L'Inde aimerait régner sur son sous-continent.

La gouvernance globale est condamnée à l'imperfection. Un gouvernement planétaire n'est pas à l'ordre du jour. Devant embrasser la Terre entière, il ne pourrait qu'osciller entre une extrême faiblesse et un pouvoir dictatorial. La gouvernance mondiale ne saurait être qu'un équilibre instable entre souveraineté des États, ceux-ci n'ayant pas renoncé à leur droit de légitime défense, et ébauches de police mondiale. De même, la centralité des États doit se combiner avec l'affirmation d'autres acteurs : organisations non gouvernementales, entreprises et même individus. Toute gouvernance, notamment globale, est un bricolage soumis à des ajustements permanents.

CONCLUSION

Le cheminement des utopies est énigmatique. Le XXe siècle s'achève sur l'enterrement d'une grande utopie : le communisme marxiste, dont l'un des buts est l'abolition de l'État. Au même moment, émerge l'idée de gouvernance, qui, elle aussi, a peut-être pour objectif ultime la disparition de l'État. Mystère des morts et des renaissances, des infinies métamorphoses.

La suppression de l'État n'est qu'une des expressions d'une aspiration très équivoque des hommes : l'anéantissement de toute autorité. L'homme veut être totalement libre, tout en étant totalement terrifié par une telle perspective. Dans cette perspective, la gouvernance évoque un tour de prestidigitation : elle escamote le pouvoir, tout en ne disant jamais qu'il n'existe plus. La gouvernance doit opérer comme une baguette magique, touchant toute l'humanité et la rendant d'un seul coup rationnelle, raisonnable et honnête.

La gouvernance exprime tout de même quelque chose de réellement nouveau : des sociétés démocratiques, riches, urbaines, éduquées, en contact constant avec l'extérieur ne peuvent pas être gouvernées de la même manière que des sociétés traditionnelles. Ces sociétés dites sophistiquées appellent des modes de gouvernement et d'administration plus souples, plus égalitaires, régis par le dialogue, la négociation et le compromis.

Mais la rareté, l'incertitude, la peur, la violence restent au cœur des sociétés humaines. Il y a des circonstances où il faut faire des paris, choisir, imposer. La douce gouvernance ne saurait remplacer le dur gouvernement. La gouvernance est un enfant de la mondialisation des années 1990. Or il y a eu bien d'autres poussées de mondialisation (par exemple, dans les années 1860-1914 ou dans les années 1920), et elles se sont cassées. Il a fallu à nouveau gouverner, rationner, faire la guerre. En ce début de XXIe siècle, les terrorismes dessinent une ombre inquiétante, et la gouvernance n'a pas de réponse à ces menaces. La gouvernance contient bien la promesse d'un monde meilleur. Ce monde semble être à la portée de la main. Mais tout ce qui est proche est toujours fuyant.

BIBLIOGRAPHIE

Badie B. (2002), *La diplomatie des droits de l'homme*, Paris, Fayard.

Constantin F. (sous la dir. de) (2002), *Les biens publics mondiaux*, Paris, L'Harmattan.

Friedman T. L. (1999), *The Lexus and the Olive Tree*, New York, Farrar Straus Giroux.

Gaudin J.-P. (2002), *Pourquoi la gouvernance ?*, Paris, Presses de Sciences Po.

Graz J.-C. (2004), *La gouvernance de la mondialisation,* Paris, La Découverte, 2004.

Held D. (2004), *Un nouveau contrat mondial. Pour une gouvernance social-démocrate,* trad. franç., Paris, Presses de Sciences Po, 2005.

Kaul I., Grunberg I., Stern Marc A. (sous la dir. de) (1999), *Les biens publics mondiaux,* trad. franç., Paris, Economica, 2002.

Montagne S. (2001), De la *pension governance* à la *corporate governance* : la transmission d'un mode de gouvernement, *Revue d'économie financière,* n° 63, p. 53-65.

Moreau Defarges P. (2003), *L'ordre mondial*, Paris, Armand Colin, 3e éd.

Nayyar D. (sous la dir. de) (2002), *Governing Globalization, Issues and Institutions*, Oxford, UNU/Wider Studies in Development Economics.

Rosenau J. N., Czempiel E.-O. (sous la dir. de) (1992), *Governance without Government : Order and Change in World Politics*, Cambridge, Cambridge University Press.

Senarclens P. de (2000), *Maîtriser la mondialisation, la régulation sociale internationale*, Paris, Presses de Sciences Po.

Smouts M.-C. (2001), *Forêts tropicales, jungle internationale*, Paris, Presses de Sciences Po.

Gouvernance mondiale, Conseil d'analyse économique, La Documentation française, 2002.

Mondialisation et gouvernance mondiale, *Problèmes économiques,* n° 2611-2612, 7-14 avril 1999.

Le pouvoir, des rapports individuels aux relations internationales, Auxerre, Éd. Sciences humaines, 2002.

Décider, gérer, réformer. Les voies de la gouvernance, *Sciences humaines,* n° 44, mars-avril-mai 2004.

TABLE DES MATIÈRES

Imprimé en France
par Vendôme Impressions
Groupe Landais
73, avenue Ronsard, 41100 Vendôme
Novembre 2006 — N° 53 316